KB161237

리더는
결정으로
말한다

*****

의사결정 원칙과
NICE 결정 프로세스

리더는 결정으로 말한다

초판 1쇄 발행 2021년 2월 28일
초판 3쇄 발행 2021년 7월 5일

지은이 김호준, 이동호, 배건우, 서수한, 강철호, 서인수, 이흥주, 김은수, 박민희
펴낸이 최익성
편집 최보문
마케팅 송준기, 임동건, 임주성 , 홍국주, 강송희
마케팅 지원 황예지, 신원기 , 박주현 , 이혜연 , 김미나 , 이현아, 안보라
경영지원 이순미 , 신현아, 임정혁
펴낸곳 플랜비디자인
디자인 빅웨이브

출판등록 제 2016-000001호
주소 경기도 화성시 동탄반석로 277
전화 031-8050-0508
팩스 02-2179-8994
이메일 planbdesigncompany@gmail.com

ISBN 979-11-89580-78-0

리더는 결정으로 말한다

★★★★★

의사결정 원칙과
NICE 결정 프로세스

김호준 James
이동호 Steve
배건우 Terry
서수한 Su
강철호 Chiro
서인수 Noah
이흥주 Chris
김은수 Tony
박민희 Lynda

PlanB DESIGN 플랜비디자인

모든 것은 리더의 결정에서 시작된다

리더십 전문가, 현업 팀장, 코치, 컨설턴트 등 9명의 전문가가 모였습니다. '현업 팀장들에게 어떤 도움을 줄 수 있을까?'라는 이 한 가지 생각으로 치열하게 토론했습니다. 다양한 문헌을 분석하고, 설문과 인터뷰를 통해 현업 팀장들의 의견을 듣기도 했습니다. 그 결과, 흥미로운 결론에 도달했습니다.

"리더의 결정이 모든 것의 시작이다"

현실의 리더들은 많은 문제 앞에서 결정을 고민합니다. 목표를 수립하고 합의하는 과정, 구성원의 성과 향상을 돕기 위해 코칭하고 피드백하는 과정, 또 평가 상황에서도 리더는 크고 작은 결정에 직면합니다. 뿐만 아니라, 팀을 유지하거나 상사와의 원활한 커뮤니케이션을 위해서도 리더의 결정은 중요한 이슈가 됩니다. 왜 그럴까요? 바로, 조직의 특성 때문입니다. 조직은 각 계층별 권한을 가진 리더가 결정을 내려야 비로소 실행으로 이어지는 프로세스를 가지고 있습니다. 그러므로 모든 실행에 앞서 반드시 선행되어야 하는 과정이 바로 리더의 '결정'입니다.

세계적인 투자회사 브리지워터 어소시에이츠의 CEO인 레이달리오는 결정을 '어떤 지식에 의존할 것인지 선택하고, 무엇을 할 것인가라는 일련의

구분	한자 의미	사전적 의미	초점
선택 Choice	가려내고(選), 택하는 것(擇)	여럿 가운데 가장 적당한 것을 골라내는 것	인식, 구별
판단 Judgment	구별하고(判), 나누는 것(斷)	옳고 그름, 좋고 나쁨 등을 헤아려 가리는 것	분명한 기준
결정 Decision	결단하고(決), 정하는 것(定)	행동이나 태도를 분명하게 정하는 것	과정. 행동을 정하는 것

선택, 판단, 결정의 구분

행동을 정하기 위한 심사숙고의 과정'이라고 정의한 바 있습니다. 여기서 '어떤 지식에 의존할 것인가'는 태도와 기준을 마련한다는 뜻이고, '무엇을 할 것인가'는 행동을 정하는 것을 의미합니다. 그의 정의에 따르면, 태도와 기준을 마련해 이후의 행동을 정하는 행위인 '결정'은 곧, 리더십의 기준이 되기도 합니다. 리더는 성과 창출을 위해 나아가는 과정에서 수많은 결정을 내려야 합니다. 이때 리더의 결정은 구성원에게 큰 영향을 미칩니다. 좋은 결정을 내리면 그만큼 좋은 영향을 줄 수 있게 되는 것입니다. 즉, 좋은 결정을 통해 현실의 많은 리더십 이슈를 해결할 수 있다는 뜻이기도 합니다.

결정을 의미하는 영어 단어의 decision은 de와 cision의 합성어로, de는 'off'의 의미를, -cision은 'to cut'의 의미를 갖습니다. 즉, decision은 Cut off(차단/제거)의 의미로 해석할 수 있습니다. 그러므로 리더는 팀의 성과에 도움이 되지 않는 일을 과감하게 Cut off할 수 있어야 합니다. 이것이 바로 '리더의 결정'입니다. 리더가 결정을 잘 내리지 못하면 팀은 불필요한 일에 에너지를 쓰며, 정작 중요한 일들을 해결하지 못하게 됩니다. 이런 일이 반복되면 구성원의 몰입과 생산성이 떨어지는 건 당연한 일입니다.

조직에서 리더의 결정은 구성원들로 하여금 일하고 싶은 마음을 사라지게 하거나, 샘솟게 할 수도 있습니다. 이는 리더의 결정이 구성원의 내적 동기로 작용한다는 것인데, 구성원의 내적 동기가 성과에 영향을 미친다는 연구는 무수히 많습니다. 즉, 리더의 결정이 성과 창출에 기여가 되기도 하고, 방해가 되기도 한다는 것입니다.

이것이 리더가 '결정'을 배워야 할 이유입니다. 그러나 현실의 리더들은 결정에 대해 많은 교육과 훈련을 받지는 못했습니다. 그나마 존재하는 교육 내용들은 대부분 행동의사결정에 기반하여 결정에 영향을 주는 심리적 편향만을 다루거나 현실의 리더와는 거리가 먼 상위차원의 결정을 이야기합니다. 그러나 리더의 결정은 팀의 우선순위나 일하는 방식에 지대한 영향을 미칠 뿐만 아니라, 실제 성과와도 직접적으로 관련있는 중요한 행위입니다. 그러므로 리더는 보다 실질적인 결정의 메커니즘을 이해하고 좋은 결과를 내는 결정력을 키워나가야 합니다.

이 책은 이를 돕는 과정으로 구성됩니다. Part 1에서는 실제로 현실 리더들이 경험할 만한 결정 상황들을 통해 리더의 결정이 왜 어려운지 살펴보겠습니다. Part 2에서는 좋은 결정을 만들기 위한 5가지 질문과 기준에 대해 소개합니다. Part 3에서는 좋은 결정을 돕는 도구로 'NICE 결정 프로세스'를 소개합니다. 실제 상황에 대입해 유용하게 사용할 수 있을 것입니다. Part 4는 현장사례를 통해 결정을 익히는 과정입니다. 실제로 다양한 조직의 리더와 구성원을 대상으로 조사한 '리더가 겪는 어려운 결정 상황'을 사례로 좋은 결정을 내리는 방법을 제시하고 있습니다.

리더의 학습은 '선택'과 '적용'에 있습니다. 현재의 상황에 필요한 내용이 무엇인지 질문한 후, 이것을 배우고 실제 상황에 적용해보는 것입니다. 이미 리더십에 대해 다루고 있는 책은 많습니다. 그러나 리더십 이론을 아는 것과 리더십 역량을 개발하는 것은 다른 이야기입니다. 배운 것으로 현장의 문제를 해결해 나갈 때 비로소 진짜 실력이 됩니다. 예를 들어 페달을 밟으면 자전거가 앞으로 나아간다는 것을 알고 있다고 가정해봅시다. 그러나 막상 자전거를 타려면 방향을 조정하는 법도 알아야 하고, 균형을 잡는 감각도 깨우쳐야 합니다. 가장 좋은 훈련은 ①자전거를 타고 싶은 마음을 갖는 것, ②자전거 타는 법을 이론적으로 배우는 것, 그리고 마지막으로 ③직접 자전거를 타면서 자전거 타는 법을 익히는 것입니다. 리더가 결정을 잘하기 위한 과정도 이와 동일합니다.

Part 4는 독자 여러분과 함께 쓰는 챕터입니다. Part 4에서 소개하는 사례들은 특이한 것도 있고 현실 조직의 리더라면 누구나 겪어봤을 법한 사례도 있습니다. 중요한 것은 각각의 사례가 아니라 그 사례를 해결하는 본질적인 원리입니다. 현실에서 경험하는 다양한 사례에 적용할 수 있도록 중요한 원리를 중심으로 해법을 함께 제시했습니다. 나머지 절반은 실제 현실에 적용하고 실행하고 개선하는 독자분들의 몫입니다. 이 과정에서 질문이나 의견, 경험을 보내주신다면 언제나 환영입니다. 이 책은 현장의 리더, 리더십 개발을 돕는 전문가들이 함께 쓴 책이며, 동시에 이 책을 읽고 더 좋은 결정을 실천하기 위해 고민하는 독자들과 함께 쓰는 책이기 때문입니다.

독자 여러분이 이 책을 통해 위 물음에 대한, 자신만의 답을 찾아갈 수 있기를 바랍니다. 그래서 구성원과 함께 성과를 창출하는 그 과정이, 리더 자신에게도, 함께하는 구성원에게도 보람이 되기를.. 여러분의 결정의 여정을 응원합니다.

CONTENTS

PART 2
더 나은 결정을 위한 5가지 질문

PART 3

나인럽이 제안하는
NICE 결정 프로세스

PART 4
리더들의
어려운 결정 상황

1
PART

리더의 결정

CHAPTER 1

리더의 결정이 중요한 이유

(1) 리더에게 결정의 의미란

나인팀이란 이름으로 이미 두 권의 책이 출간됐습니다. 2019년 『나는 인정받는 팀장이고 싶다』, 2020년 『나는 팀장이다』가 바로 그것입니다. 이 책들의 공통점은 팀장들이 고민하는 현실적인 이슈에 대한 솔루션을 제시한다는 점입니다. 이 책들을 기반으로 조직에서 리더십 개발 프로그램을 진행하면서 각 조직별 사례를 추가로 수집하기도 했습니다. (나인팀1기의 대표 사례 38개와 나인팀2기의 대표 사례 47개는 이 책의 Part4 뒷부분에서 모두 확인하실 수 있습니다.) 그리고 그 안에서 흥미로운 결과를 발견했습니다. 리더들이 고민하는 수많은 문제가 사실 '결정'에 그 원인이 있을 때가 많다는 것이었습니다.

리더의 결정에서 첫 단계는 '문제에 대한 인식'입니다. 문제 자체보다 문제를 어떻게 인식하는지가 중요한 요인으로 작용합니다. 같은 상황에서 어떤 리더는 팀원의 태도를, 어떤 리더는 팀원의 상황이 문제의 원인이라 생각한다면 어떨까요? 전자는 팀원의 태도에 대한 피드백을 할 것이고, 후자는 팀원과 함께 문제를 해결하기 위한 대화를 하게 될 것입니다. 어떤 개입을 하느냐에 따라 결과는 확연히 달라지게 됩니다.

어떤 리더는 기준을 가지고 행동하고 결정합니다. 구성원에게 그 기준을 공유하여 팀이 같은 곳을 향해 나아갈 수 있도록 이끕니다. 반면, 어떤 리더는 그때그때 상황에 맞춰 결정합니다. 스스로는 유연하다고 생각하지만, 구성원들은 리더가 독단적이라고 생각하기 쉽습니다. 어떤 방식이든 리더가 결정하면 구성원은 이를 실행하게 되기 때문입니다. 결국 리더의 결정은 실행하는 사람들의 마음을 열정으로 가득 채울 수도, 영혼 없이 손발만 움직이게 만들 수도 있습니다.

조직은 공동의 목표를 달성하기 위해 존재합니다. 목표를 달성하는 과정은 수많은 실행으로 이루어지고 그 실행의 모든 과정 앞에는 어떤 형태로든 결정이 있습니다. 결정이 모여 조직의 일하는 방식에 영향을 줍니다. 어떤 결정은 함께 문제를 해결하고 함께 배우는 팀을 만들어가고, 어떤 결정은 비난을 피하기 위해 일하고 책임을 모면하기 위해 보고서를 쓰도록 만듭니다. 가능한 한 정해진 길에서 벗어나지 않습니다. 팀의 미래가 어떻게 달라질까요? 이것이 우리가 결정을 공부해야 하는 이유입니다.

(2) 리더가 갖는 결정의 무게감

"나의 결정이 최선의 결정인가? 더 나은 결정은 없는가?"

"어떻게 결정하는 것이 제대로 된 결정일까?"

리더라면 하루에도 몇 번씩 스스로에게 이런 질문을 할 것입니다. 실제 리더들의 생각을 확인하고자 다양한 기업의 리더들에게 몇 가지 질문을 던졌습니다.

첫 번째 질문입니다. '리더의 결정이란 무엇이라고 생각하십니까?'

리더의 결정은 판단입니다.

리더의 결정은 방향의 제시입니다.

리더의 결정은 조직의 미래입니다.

리더의 결정은 타이밍입니다.

리더의 결정은 영향력입니다.

리더의 결정은 책임입니다.

리더들은 각자의 방식으로 결정을 이해하고 정의하고 있었지만, 공통적인 의견은 리더로서 결정에 대해 큰 무게감을 갖는다는 것이었습니다. 온전히 혼자 결정할 수도 없고 결과도 장담할 수 없지만, 어떤 순간에도 리더는 결정을 내려야 하고, 그 결정은 실행으로 연결되어야 하기 때문입니다. 그래서 결정은 중요한 동시에 어려운 일입니다.

두 번째로 이렇게 물었습니다. '무엇 때문에 결정에 무게감을 느끼나요?'

그에 대한 답변은 크게 3가지로 나눌 수 있었습니다

a. 예측하기 어려운 결정의 영향력

: 조직 환경이 빠르게 변하고 있기 때문에 느끼는 어려움입니다. 미래가 불확실하고 모호한 오늘날의 조직 환경에서는 긴급하게 결정해야 하는 상황이 많아 더 큰 부담을 느끼게 되는 것입니다. 내 결정이 조직의 성패에 영향을 미칠 것을 잘 알지만, 확신이 들지 않을 때 리더는 이런 어려움을 느끼게 됩니다.

b. 모두를 만족시켜야 한다는 생각

: 의견과 힘을 하나로 모아 성과를 낼 수 있을까? 어떻게 하면 모두를 만족시키는 결정을 할 수 있을까? 구성원의 마음을 얻는 것, 다양한 이해관계자의 참여와 합의를 끌어내는 것 등 모두를 만족시켜야 한다는 생각에 어려움이 발생합니다.

c. '이것이 최선의 결정인가'에 대한 자문

: 리더의 결정은 어떤 식으로든 조직과 구성원들에게 영향을 미칩니다. 그렇기 때문에 지금의 결정이 최선인지, 좀 더 나은 결정은 없는지 끊임없는 내적 갈등을 하게 됩니다.

(3) 좋은 결정의 정의

'어떤 리더가 좋은 결정을 내릴까?', '좋은 리더의 특성은 무엇일까?' 리더라면 누구나 하게 되는 고민입니다. 하지만 리더는 어떤 성격으로 특정할 수 없는 사회적 역할입니다. 즉, 좋은 사람이 좋은 리더가 되는 것이 아니라, 리더의 역할을 잘 수행하는 리더가 좋은 리더가 될 수 있는 것입니다. 그러면 여기서 또 한 가지 의문이 듭니다. 과연 '리더의 역할'이란 무엇인가. 가장 핵심적인 리더의 역할은 바로 '결정'입니다. 그렇기 때문에 좋은 결정을 내리는 리더가 진짜 좋은 리더인 셈입니다

요즘 주목받는 마이크로소프트의 사티아 나델라^{Satya Nadella}, 에어비앤비의 브라이언 체스키^{Brian Chesky}, 아마존의 제프 베조스^{Jeff bezos}, 사후에도 여전히 애플과 동의어처럼 느껴지는 스티브 잡스^{Steve Jobs}를 한 번 예로 들어보겠습니다. 공통점이 보이시나요? 최고의 기업을 이끌거나 이끌었던 리더지만 이들의 성향은 너무나도 달라 보입니다. 한 가지 분명한 공통점이 있다면, 이들은 모두 영향력을 미치는 사람이라는 점입니다. 이들은 '리더'라고 불리고 있습니다. 이들과 함께 일하기를 선택한 사람들이 많으며, 그들은 저마다의 방식으로 열정적으로 몰입하고 일합니다. 그 과정에서 성공을 경험하고 성장하며 이들 기업은 열광하는 고객층을 보유하고 있습니다.

서로 다른 네 사람의 리더, 이들이 영향을 미치는 방식은 '자신의 성향대로 하는 것'입니다. 그러나 이들 기업의 주요한 의사결정이 이들의 성향만으로 결정되는 것은 아닙니다. 이들이 속한 기업은 방향성이 명확합니다. 그리고 결정을 내리는 방식과 원칙에는 네 사람의 서로 다른 신념과 가치가 담겨 있습니다. 네 사람은 그 방향성 안에서 각자의 신념과 가치를 기반으로 결정을 내립니다. 이것이 바로 이들이 결정을 내리

는 방식이자 원칙입니다. 구성원들은 이를 잘 알기에 같은 방향으로 따라갑니다. 이들다운 명확한 결정이 함께하는 사람들의 마음을 움직이고 성과를 이끌어내는 것입니다. 이처럼 리더는 '함께 일하는' 사람들과 일을 추진하기 위한 결정을 내리고, 구성원들이 그 결정을 결과로 만들어내는 과정에 영향을 미치는 사람입니다.

'좋은 결정'은 좋은 결과로 연결될 가능성을 높입니다.

우리는 이 책에서 스티브잡스 혹은 제프 베조스같은 리더가 되라고 이야기하지 않습니다. 하지만 당신은 리더로서 좋은 결정을 만들 수 있어야 합니다. '좋은 결정'은 함께하는 사람들의 마음을 움직이고, 다같이 한 방향을 바라보게 만듭니다. 리더가 어떤 영향을 미치는가에 따라, 같은 배를 탄 사람의 경험은 놀랍도록 달라집니다. 좋은 결정을 만들어야 좋은 결과가 나옵니다. 좋은 결정을 만들이야 딩신과 함께하는 사람들이 일을 하고 싶은 마음이 생기고, 몰입하여 성과를 창출할 수 있습니다. 리더의 결정은 반드시 다음 3가지 영향을 미칠 수 있어야 합니다.

a. 리더의 결정은 성공에 도움이 되어야 합니다

어떤 환경조건에서도 성공을 만들어내도록 노력해야 합니다. 조직에서의 성공은 1차적으로 목표한 성과를 달성하는 데에 있습니다. 그렇기 때문에 조직이 기대하는 성과의 방향과 수준을 설정하고, 구성원에게 목표를 부여하고, 구성원들이 목표를 달성할 수 있도록 그 과정을 관리하고, 달성 정도를 측정하고 평가함으로써 공정하게 보상하며 구성원의 성과 역량을 확보하고 유지하고 성장할 수 있도록 돕는 이 모든 일련의 과정에서 리더의 역할은 중요할 수밖에 없습니다. 결국 결정은 함께 목표를 달성해나가는 과정에서 '어떤 지식에 의존할지 선택하고, 어떤 행동을 할지 정하는 심사숙고의 과정'입니다. 따라서 리더의 결정은 어떤 형태로든 구성원과 함께 성과를 창출하고, 성공을 경험하는 것에 도움이 돼야 합니다.

b. 리더의 결정은 분명해야 합니다.

결정을 내리는 방식이나 과정이 리더의 성격이나 스타일대로 진행될 수 있습니다. 다만 그 결정이 구성원을 명확하게 이해시킬 수 있어야 합니다. 물론, 환경의 변화가 불안정하고, 문제 해결 솔루션이 불명확할 수 있습니다. 우리가 살아가는 시대는 예측할 수 없기 때문입니다. 그러나 팀의 방향, 내가 하는 일, 리더의 말까지 불명확하다면 구성원의 마음은 얼마나 불안해질까요? 바다 한가운데에 떠 있는 배에서 '노'가 없는 상황과도 같을 것입니다.

c. 리더의 결정은 팀에 에너지를 불어넣을 수 있어야 합니다.

결정은 좋은 결과를 만들기 위한 심사숙고의 과정입니다. 그 과정 안에서 결정을 내리고, 그 결정을 실행으로 연결하고, 실행이 성공을 만들어내게 됩니다. 이 모든 과정에는 움직이는 힘, 즉 동기motive가 필요합니다. 결정을 내리는 리더의 기준, 그 과정, 구성원에게 결정을 공유하고 실행하는 방식 등 결정과 관련된 모든 것이 그 동기가 될 수 있습니다. 지금 당신의 결정은 구성원으로 하여금 '하고자 하는 마음을 불러일으키나요?' 아니면 '에너지를 빠지게 만드나요?' 만약 후자에 가깝다면, 결정을 내리는 기준이나 과정, 공유하고 실행하는 방식이 잘못된 방향으로 가고 있다는 뜻입니다.

'좋은 결정'은 구성원이 조직과 더불어 성공을 경험하는데 도움이 되고, 한 방향을 바라보도록 명료함을 제공하고, 그 과정에 몰입할 수 있도록 돕는 결정입니다. 이제 우리가 처한 현실로 돌아와서 도대체 결정이 왜 어려운지 살펴보겠습니다.

리더의 좋은 결정은
구성원이 조직과 더불어 성공을 경험하는데 도움이 되고,
한 방향을 바라보도록 명료함을 제공하고,
그 과정에 몰입할 수 있도록 돕는 결정이다.

CHAPTER 2

리더의 결정이 어려운 이유

리더는 매순간 의사결정 상황을 맞이하게 됩니다. 그러나 좋은 결정의 특성을 알면서도, 막상 어떤 결정을 내려야 할지 쉽지가 않습니다. 사실 아무리 간단한 상황이라고 해도 하나를 선택하기란 어려운 일입니다. 리더가 처한 상황은 복합적인 경우가 더 많습니다. 어느 한쪽을 선택한다 하더라도 해당 구성원이나 협업 부서의 입장이 다르면 수용이 어렵거나 불리한 상태에 놓일 수 있기 때문입니다. 또 어느 한쪽을 선택하기에는 모두가 중요할 수 있습니다. 그래서 리더의 선택은 부분적 성공이나 실패를 동반할 수밖에 없습니다. 2장에서는 리더가 맞닥뜨릴 수 있는 딜레마 상황을 통해 리더의 결정이 어려운 이유를 알아보겠습니다.

결과만 좋다면 과정은 무시해도 되는가?

vs. 결과가 좋지 않을 수 있는데 그래도 과정을 고수해야 하는가?

의견이 분분할 때 리더가 혼자서라도 결단해야 하는가?

vs. 모두가 동의할 때까지 합의를 이끌어내야 하는가?

효율투입Input 대비 결과Output을 고려해서 의사결정을 해야 할까?

vs. 효과목표달성를 위해 자원을 초과로 투입할까?

좀 늦더라도 신중하게 방향을 정하고 시작하는 것이 더 효과적일까?

vs. 일단 빠르게 추진하고 수정하는 방향이 더 효과적일까?

다양한 이해관계 안에서 최적의 의사결정을 이끌어내기 위해서는 이 분법에 빠지지 않고 양 끝단에 있는 딜레마에 대해 나름의 가치와 판단 기준을 정립해야만 합니다. 지금부터 리더가 처할 수 있는 딜레마를 하나씩 짚어보도록 하겠습니다.

(1) 리더의 딜레마 상황

a. 과정 vs 결과

"이 사안은 절차대로 진행해야 합니다. 발생 가능한 이슈에 대해 미리 장치를 마련해야만 다음으로 넘어갈 수 있습니다"

vs. "결과를 도출하는 게 우선입니다. 이슈가 생기면 그때 조정해서 진행하면 됩니다"

좋은 과정과 좋은 결정은 분명히 상관관계가 있습니다. 하지만 빠른 의사결정이 요구되는 시점에서 양자택일이 꼭 필요한 경우라면, 어느 쪽에 더 무게를 실을지 결정해야 하는 딜레마 상황이 발생합니다.

과정에 집중하면 도중에 불법이나 편법이 개입될 가능성이 낮아지고, 과정상의 돌발 상황에 대하여 좀 더 유연한 대처가 가능해집니다. 아울러 구성원들이 정교한 프로세스를 학습할 수 있다는 장점이 있습니다. 일반적으로 육성을 목적으로 하거나 자원(인력, 시간 등)이 넉넉한 경우라면 과정에 집중하는 방식을 선택한다 해도 부담이 덜할 것입니다.

반면, 결과에 집중하면 목표 달성 여부에 초점을 맞추기 때문에 보다 효율적인 방법을 선정하고 추진할 수 있습니다. 자원이 부족하거나 빠른 결정을 해야 하는 경우에 리더가 흔히 택하는 방향입니다. 그러나 수단과 방법을 가리지 않기 때문에 업무를 추진함에 있어 편법이 개입되거나, 예상치 못한 리스크가 발생할 가능성이 상대적으로 높아집니다. 이윤 창출이라는 기업의 목적상 결과를 중시하는 CEO가 더 많습니다. P&G사의 CEO인 레플리^Alan G. Lafley는 "협력의 목적은 협력 활동 그 자체가 아니라 탁월한 성과를 얻는 데에 있다"는 점을 구성원들에게 늘 강조했습니다. 제대로 된 협력은 큰 시너지를 창출하지만, 잘못된 협력은 성과 없이 시간과 비용 등의 자원만을 크게 낭비하여 안 하는 것만 못할 수 있기 때문입니다. 사안에 대하여 과정과 결과 중 어느 쪽에 더 집중할 것인지는 자원의 양과 목적에 따라 리더가 적절하게 결정해야 합니다.

b. 합의 vs 결단

"이 사안은 구성원의 목소리가 최대한 담겨야 실행이 가능합니다. 같이 더 고민해 봅시다"

vs. "여러분의 의견은 충분히 들었어요. 제 결정을 따라 주시기 바랍니다"

합의를 통해 결정할 것인가? 리더의 결단으로 혼자 결정하고 구성원들에게 통보한 후 밀어붙일 것인가? 이 역시 중요한 딜레마 상황입니다. 합의를 추구하면 결론에 대한 동료의 협력을 이끌어내기 수월합니다. 충분한 토론을 기반으로 내린 결론은 결정에 대한 정당성을 확보하는 데 도움이 되며, 절차적인 면에서 강점을 갖기 때문입니다. 그러나 결정하기까지 다소 많은 시간이 소요되거나 다수결의 오류가 발생할 수도 있습니다.

결단은 상대적으로 빠른 실행이 가능합니다. 빠른 환경 변화에 있어서 리더의 민첩한 결정은 상대적으로 빠른 대응력을 가집니다. 반면 리더의 독단이 조직의 결정으로 포장될 수 있으며, 충분한 공감이 이루어지지 않아 구성원들의 적극적인 참여를 유도하기에는 어려움이 있습니다. 심한 경우, 리더가 바뀌면 그 결정은 쉽게 번복되기도 합니다.

브룸V. Vroom과 예튼P. Yetton이 중심이 되어 개발한 의사결정 이론에 따르면 의사결정 상황에 따라 바람직한 행동이 다르기 때문에 리더는 융통성을 길러야 한다고 합니다. 합의와 결단의 딜레마에서 리더는 의사결정을 해야 하는 문제의 성격을 잘 분석해야 하는데, 리더가 구성원들로부터 충분한 정보와 공감을 이끌어 내야 하는가, 아니면 더 많은 정보를 가진 리더가 빠르게 결정한 후 구성원에게 통보하는 게 좋은가를 먼저 판단하는 게 좋습니다. 만일 구성원이 이슈에 대한 인식 수준이 낮고 정보도 많이 가지지 않은 경우에 리더가 구성원의 합의를 이끌어내려 한다면, 오히려 구성원이 혼란스러워 할 수도 있기 때문입니다.

c. 효과 vs 효율

"어느 정도 해서는 명함도 못 내밉니다. 효과를 거두려면 완성도를 더 높여야 합니다"

vs. "시간을 투입해 품질을 높이는 것보다 속도가 더 중요한 시점입니다"

우리는 때로 '일을 효율적으로 해야 한다' 혹은 '일을 효과적으로 해야 한다'는 표현을 합니다. 기업에서는 효과와 효율 두 단어 모두 어떤 작업이나 조치가 얼마나 뛰어난지를 표현하는 지표로 혼용하는 경우가 많습니다. 하지만 두 단어는 전혀 다른 의미를 가지기 때문에 리더가 의사결정을 내리는 상황에서 '효과'와 '효율' 중 한 가지 대안을 선택해야 하는 상황이 발생하곤 합니다.

리더십의 연구에 있어 세계적인 권위자인 워렌 베니스Warren G. Bennis는 효율적으로 일하는 것은 'Doing things right(일을 올바르게 하는 것)'이고, 효과적으로 일하는 것은 'Doing the right things(옳은 일을 하는 것)'이라고 정의하고 있습니다. 즉, 효과라는 것은 목표 대비 얼마만큼의 결과를 얻었는지를 중점에 둔 개념이고, 수식으로는 $\frac{결과}{목표} \times 100$ 으로 나타낼 수 있습니다. 반면, 효율은 투입 대비 얼마만큼의 산출물을 얻었는지를 중점에 둔 개념으로 최소한의 자원으로 최대의 산출을 얻는 데 초점을 맞추고 있습니다. 효율을 수식으로 나타내면 $\frac{성과}{투입} \times 100$, 때로는 $\frac{이익}{비용} \times 100$, 으로 계산하기도 합니다. 효율은 어떤 작업이나 조치가 적은 노력(비용)을 들여서 빨리(속도) 많은 산출물(양)을 낸다는 뜻을 가지고 있어 속도, 비용, 양의 3가지 기준에 따라 평가됩니다.

리더가 의사결정을 할 때는 두 단어를 명확히 구분하여 사용해야 합니다. 효과적인 의사결정을 하기 위해서는 조직의 궁극적인 목표 달성을, 효율적인 의사결정을 하기 위해서는 속도, 비용 등을 기준으로 삼아야 합니다.

BSC Balanced Score Card로 유명한 캐플란 교수는 『Management Accounting』에서 효율과 효과의 차이를 이렇게 설명합니다. "벽에 붙어있는 파리를 잡을 때, 해머로 때려서 잡았다면 파리를 잡는다는 목표는 100% 달성하였으므로 효과적이라고 말할 수 있으나, 파리채 정도를 휘두르는 힘만 투입해도 잡을 수 있었던 파리를 자신이 할 수 있는 한 힘껏 해머를 휘둘러 잡았으므로 효율적이라는 말은 쓰기 어렵다" 이렇듯 너무 효과만 따지다 보면 자원을 낭비하게 되어 생산성이 떨어지는 결과를 낳게 됩니다.

효과와 효율은 '문제를 파악하고 해결하는 방식'에 따르는 결과를 의미합니다. 그러나 복잡해 보이는 이 딜레마도 시스템 관점에서 보면 하나의 통합적인 절차에 지나지 않습니다. 예를 들어 제조업의 딜레마는 '고품질이냐, 저비용이냐'입니다. 고품질 제품은 비용이 많이 들고, 조립 시간이 오래 걸리며, 보다 집중적인 품질관리가 필요합니다. 저비용 제품은 더 큰 이익구조, 하이엔드 고객과 시장을 확보하지 못합니다.

결국 어떤 결정을 내리든 그만큼의 리스크는 따른다는 것입니다. 리더는 효과와 효율의 딜레마에서 적당한 선을 찾아 최적의 결정을 내려야 합니다.

d. 직관 vs 논리

"경쟁사들이 맹추격하고 있습니다. 직관에 따라 빠르게 결정해야 합니다."

vs. "큰 사안일수록 신중하게 모든 변수들을 분석한 후 결정해야 합니다."

직관의 사전적 정의는 '감각, 경험, 연상, 판단, 추리 따위의 사유 작용을 거치지 않고 대상을 직접적으로 파악하는 작용'입니다. '직관적 의사결정'을 말할 때 빼놓을 수 없는 인물이 바로 스티브 잡스입니다. 그의 직관력은 '아이폰'을 개발할 때 더욱 드러났습니다. 아이폰을 개발할 무렵, 그는 그 흔한 시장조사도 하지 않았습니다. 대규모 투자가 이뤄지는 신사업에 시장조사가 필요하지 않겠냐는 내부의 주장에 "소비자는 자신이 진정으로 무엇을 원하는지 모른다"고 일축했고, "고객의 필요를 채우는 것이 아니라 필요를 만들어 내야 한다"면서 프로젝트를 밀어붙여 결국 '세기의 발명품'을 만들어 냈습니다. 스티브 잡스 외에도 소프트뱅크의 손정의, GE의 잭 웰치, 스타벅스의 하워드 슐츠 등이 직관력을 강조한 대표적인 경영자들입니다.

반면 분석적 의사결정을 선호하는 사람들은 직관적 결정이 위험하고 무모한 방법이라고 말합니다. 그들은 직관적 결정자를 의료현장에서 X-ray나 MRI 같은 검사 기구를 이용하지 않고 오직 감으로 진단하는 의사와 같다고 합니다. 정확한 데이터를 기반으로 한 의사결정의 성공사례는 미국의 최초 흑인 대통령, 버락 오바마Barack Obama입니다. 선거 당시 오바마 캠프는 다양한 형태의 유권자 데이터베이스를 분석하여 유권자 맞춤형 선거 전략을 짰습니다. 특히 인종, 종교, 나이, 가구 형태, 소비수준과 같은 기본 인적 사항으로 유권자를 분류하는 것을 넘어서 과거 투표 여부, 구독하는 잡지, 마시는 음료까지 유권자들의 성향 정보를 소셜 미디어 등을 통해 수집했습니다. 수집된 데이터는 '보트 빌더VoteBuilder.com' 시스템의 도움으로 '유권자 지도'를 만들어 선거 전략에 활용하였습니다. 결과적으로 오바마 캠프는 상대적으로 적은 비용을 들였음에도 승리하였습니다. 이러한 선거 전략은 이후 여러 정치인들이 활용하였습니다.

심리학자 게리 클라인Gary Klein은 베테랑 소방대장들의 화재진압 활동 사례를 연구했습니다. 그 결과, 소방대장들은 몇몇 특별한 상황에서만 대안을 비교할 뿐 대부분 직관적으로 해결방법을 찾아냈다는 사실을 발견했습니다. 게리 클라인은 연구 결과를 토대로 볼 때, 좋은 성과를 내기 위해서는 그 사람의 경험과 영감, 직관에 따라 판단하고 결정하는 게 가장 좋다고 주장했습니다. 하지만 경제학자 대니얼 카너먼Daniel Kahneman은 직관은 과거에 의존해서 편향과 착각의 오류에 빠지게 만들기 때문에 내용과 절차를 합리적(분석적, 논리적, 객관적)으로 판단하고 의사결정을 해야 최고의 성과를 낼 수 있다고 주장했습니다. 의사결정에 대한 판단 기준으로 각각 직관과 논리를 주장하던 두 학자가 논쟁 끝에 합동 연구를 시작했는데, 과연 그 결과는 어땠을까요? '분야와 상황에 따라서 직관적 의사결정과 합리적 의사결정이 필요한 순간이 다르다'였습니다.

(2) 리더의 결정에 대한 책임

a. 결정의 두 얼굴

리더는 의사결정에 대한 권한보다 그에 따르는 책임에 부담을 느낍니다. 그만큼 리더가 마주하는 의사결정 상황은 간단하지 않을 때가 많으며, 어떤 의사결정을 하느냐에 따라 조직의 생존에 막대한 영향을 끼칠 수 있기 때문입니다. 리더는 불확실성과 리스크를 감수하면서 결정을 해야 하고, 결정 이후에도 돌발적인 변수들을 해결해야 하는 어려움을 가지고 있습니다.

결정 과정 역시 순탄치 않습니다. 상사와 부하직원은 물론이고 직간접적으로 연관되어 있는 다양한 이해관계자들을 납득시키거나 반대 논리에 싸워야 할 때도 있습니다. 그들은 조력자가 될 때도 있지만 경쟁자 혹은 방해꾼이나 넘어야 할 산이 되기도 합니다.

리더들에게 다음과 같은 질문을 해 보았습니다. "당신은 어떠한 의사결정 권한을 갖고 있습니까?", "최근에 본인이 한 의사결정은 무엇입니까?" 대다수는 손사래를 치며 "제가 무슨 권한이 있나요?" 또는 "저는 의사 결정권자가 아닙니다", "저는 의사결정에 필요한 정보를 제공하는 역할이 더 큽니다" 등으로 답변하는 경우가 많았습니다. 아마도 의사결정이라는 말에서 느껴지는 무게감 때문에 에둘러 겸손한 답변을 택했을 수 있습니다. 또는 의사결정을 M&A나 해외 진출, 신사업 추진 등 너무 거창하게 생각한 탓일 수도 있습니다. 윗사람 판단에 따라 의사결정이 이루어지는 상명하복식 조직문화가 일반적이기 때문에 더 그렇게 느꼈을 수도 있습니다.

알고 보면 회사 생활 자체가 의사결정의 연속입니다. 직급이나 부서를 떠나 조직 구성원 모두는 각자의 위치에서 수많은 의사결정을 통해 경영활동을 수행하고 있습니다. 높은 레벨에 해당하는 전략적 의사결정이 아니더라도 저마다 다양한 유형의 결정을 내립니다. 협력사의 납품대금 지급을 위해 세금계산서 표기 금액을 확인하고 지출결의서를 승인하는 것 역시 일상적이고 정형화된 의사결정의 한 유형입니다. '그것도 의사결정이었나요?' 반문할 정도로 의례적으로 해 왔던 결재였을 뿐인데 말입니다. IT의 발달로 과거에 대면 혹은 서면 보고로 결정하던 것을 내부 시스템으로 할 뿐이지, 시스템 내에서 리더가 승인하는 순간 기업의 경영활동은 작동하고 그에 따른 책임도 결재권자인 리더에게 있는 것입니다.

b. 피할 수 없는 내부 경쟁

팀리더는 자신의 팀 프로젝트가 회사로부터 보다 많은 자원을 제공받아 수행되도록 노력합니다. 그래야 더 많은 성과창출의 기회를 얻을 수 있기 때문입니다. 이것은 불가피한 내부 경쟁에서 비롯됩니다. 경영진이 담당 팀의 프로젝트를 비즈니스의 우선순위로 결정하게 만드는 것 역시 리더의 역할입니다. 어느 기업이든 수익이나 성장성, 트렌드 등 내부 기준에 따라 프로젝트의 우선 순위를 결정합니다. 비용이나 인력이 무한하지 않기 때문입니다. 결국 일부 프로젝트만을 선택하게 되고, 일부 부서에는 지원해 줄 자원이 없기 때문에 해당 프로젝트가 배제되거나 보류될 수밖에 없습니다.

자신의 프로젝트가 우선순위가 되어 재정을 확보하려면 관련 최고 경영층의 스폰서쉽이 뒷받침되어야 합니다. 직속 상사가 아니더라도 어떤 프로젝트는 임원 조직과 협업해야 하거나 공동 과제로 주어지는 경우가 많습니다. 이때 중요한 리더의 역할은 팀의 기여도를 경영진에 알리는 일입니다. 어떤 팀장들은 이 일의 가치를 제대로 모르고 그저 일만 열심히 합니다. 그 결과, 회사의 의사결정권자들에게 해당 프로젝트의 제안 기회조차 얻지 못하고, 내부 임원들은 해당 팀이 무엇을 하는지 정확하게 인지하지 못할 수도 있습니다. 이 때문에 다른 팀은 자원이 추가로 할당되지만 우리 팀은 예산 절감과제로 배정되거나 과제 중요도에 있어 우선순위가 뒤로 밀려나게 됩니다. 내부 경쟁에서 우위를 점한다는 것은 팀 프로젝트의 비즈니스 가치를 창출해낼 수 있고, 구성원들의 노력 여부를 명시적으로 설명할 수 있다는 의미입니다.

이처럼 리더는 조직 내부에서도 보다 나은 가치를 창출해내기 위해 선의의 경쟁을 해야 합니다. 이를 위해서 다양한 이해관계자들과의 커뮤니케이션을 통해 중요한 결정을 이뤄내는 것 또한 리더의 역할이라 할 수 있습니다.

c. 누구를 태울 것인가

리더들은 업무에 대한 결정보다 더 어려운 것이 사람에 대한 결정이라고 합니다. 어쩌면 회사생활에서 가장 힘든 일이 '사람 관리'라 할 수 있습니다. 어떤 리더는 사람 관리에 대한 스트레스와 부담 때문에 리더의 자리를 내려놓고 싶다고도 합니다. 우수한 인력 확보부터 육성, 그리고 퇴출까지 팀인력을 구성하고 운영하는 것은 어떤 리더에게나 큰 도전이고 어려운 일입니다.

피터드러커는 그의 책 『경영의 기술』에서 '한 사람을 고용하는 것은 그 사람을 통째로 사는 것이다.'라고 말합니다. 구성원의 머리나 팔만을 고용한 것이 아니라는 뜻입니다. 리더는 구성원과 함께 의사결정 전/중/후 과정을 거치기 때문에 리더는 구성원과 함께 소위 팀지식을 이루어 가야 결정의 여정을 성공적으로 수행할 수 있습니다.

리더로서 조직을 관리하다 보면 해당 직무나 프로젝트에 적합하지 않은 사람을 팀에서 내보내야 하는 경우도 있습니다. 짐 콜린스^{Jim collins}의 『좋은 기업을 넘어 위대한 기업으로』를 보면 '누구를 버스에 태울 것인가'라는 문구가 있습니다. 적절한 사람은 조직이라는 버스에 태우고, 부적절한 사람은 내리게 해야 한다는 뜻입니다. 뿐만 아니라 리더는 누군가를 승진시키거나 외부에서 채용해야 하는 경우도 있습니다. 또 팀원들 모두가 열심히 일했지만, 회사 기준에 맞춰 평가를 해야 합니다. 한국의 리더들은 본인과 함께 일하고 있는 후배들을 제때 승진시키는 것이 리더의 역량이라고 생각합니다. 그리고 사람 중심으로 일하는 기업일수록 이런 생각을 더 많이 하게 됩니다.

또한 팀장들에게 "현재 인력이 충분합니까?"라고 물으면 많은 팀장들이 부족함을 호소합니다. 또 어떤 리더들은 "사람은 많지만 일할 사람이 없는 상황입니다."라고 합니다. 신입사원처럼 당장 업무에 투입하기 어려운 인력도 있기 때문입니다. 어떤 이들은 다른 부서로의 이동을 준비하며 일을 엉뚱하게 해오는 인력도 있을 것입니다. 이렇듯 각각의 장단점을 가진 구성원들을 어떻게 활용할 것인지, 또 어떻게 육성할 것인지는 리더의 역할이자 영역이라 할 수 있습니다. 리더의 결정이 한 사람의 인생에도 중대한 영향을 미칠 수 있습니다. 그래서 사람에 대한 리더의 결정은 어려울 수밖에 없습니다.

리더의 의사결정 스타일 관련 연구

Byrnew[2001]는 의사결정역량Decision making competency은 얼마나 의사결정을 잘 내리는가에 관한 것이라고 하고, Arroba[1978]는 의사결정 유형을 특정한 의사결정에 접근하고 결정하는 방식이라고 정의하기도 하였으며, 논리형, 주저형, 직관형, 감정형 등을 포함 6가지 유형으로 분류한 바 있습니다. 최근에 Conteh[2009]는 의사결정 유형을 사용되는 정보의 양과 고려되는 경우의 수에 의해 4가지 유형으로 나누기도 했습니다. 여기서는 브룸V. Vroom과 예튼P. Yetton, 1988이 중심이 되어 개발한 이론을 소개합니다. 이 이론은 리더의 의사결정행동에 대한 고전적인 예시이기 때문입니다.

의사결정상황에 따라서 바람직한 행동이 모두 다르고, 따라서 리더는 주어진 상황에 적합한 리더십 행동을 취할 수 있는 융통성을 길러야 한다는 것을 강조하면서 리더가 의사결정과정에서 부하를 참여시키는 정도를 다섯 가지 유형으로 분류합니다.

[브룸 V. Vroom과 예튼P. Yetton 이 정의한 리더의 의사결정 유형]

독재 1형 (Autocratic 1) 현재 리더가 갖고 있는 정보를 활용하여 리더 스스로 문제를 풀고 의사결정을 내리는 경우를 말합니다.

독재 2형 (Autocratic 2) 리더가 부하들로부터 필요한 정보를 얻되, 문제의 해결에 대해서는 리더 스스로 결정을 내리는 경우를 말합니다.

상담 1형 (Consultative 1) 리더는 관련된 부하들과 각각 개별적으로 문제를 공유하여 그들로부터 해결책이 되는 아이디어나 제안들을 얻되, 부하들을 한꺼번에 모아놓고 그룹으로 접촉하지 않으며 최종 결정은 리더가 내립니다.

상담 2형 (Consultative 2) 리더가 직면한 문제를 리더와 구성원들의 "그룹미팅"을 통해 결정합니다. 이 그룹결정에서 리더는 부하들의 아이디어나 제안들을 얻지만 최종결정은 리더가 내립니다.

집단결정형 (Group) 부하그룹에 결정 권한을 위임하는 경우, 리더가 직면한 문제를 리더의 부하들과 그룹으로 공유합니다. 리더는 부하들과 함께 문제해결의 대안들을 생각해내고 어느 해결책 하나에 의견의 일치를 보도록 노력합니다.

위의 유형 중 하나를 적용해 마음 속으로 1차적인 결정을 내렸더라도 리더는 계속해서 '이게 맞는 결정일까' 고민하고 또 고민합니다. 결국 마음 속으로만 수십, 수백 번 결정을 번복하는 일도 있습니다. 아래의 내용은 의사결정을 앞두고 리더가 참조할 만한 질문입니다. 리더 스스로 묻고 답하다 보면 어느새 최적의 결정을 찾을 수 있게 될 것입니다.

1. 의사결정의 레벨이나 질이 어느 정도 중요한 사안인가?
   (아니면 일상적으로 결정내릴 수 있는 내용인가?)
2. 리더가 의사결정을 하기 위해 필요한 정보자료를 충분히 갖고 있는가? 아니면 구성원들로부터 정보를 받아야 하는 것인가?
3. 문제가 구조화된 성격을 지니고 있는가? 아니면 분산적이어서 다양한 의견을 듣고 수렴해야 하는 것인가?
4. 부하들이 의사결정을 받아들이는 것이 성공적 집행에 중요한가? 아니면 리더가 신속하게 판단해서 방향을 제시할 것인가?
5. 리더의 단독 결정을 구성원들이 잘 받아들일 것인가? 아니면 항시 설명을 하고 공감을 얻어야 하는가?
6. 문제해결에 있어서 구성원들이 조직체의 목적 달성을 위해 함께 노력하는가? 아니면 팀워크나 비전에 대해 먼저 공감을 이루어야 하는가?
7. 리더의 의사결정에 대하여 부하들 간에 갈등이 예상되는가? 아니면 결정사항에 대해 수용이 잘 이루어질 것인가?

- 홍순현 1999, 리더의 의사결정 유형과 조직구성원의 관계성 연구,
박현미, 2014, 리더의 의사결정 유형과 조직성과 관계성에 관한 연구 참조.

2
PART

더 나은 결정을 위한
5가지 질문

"당신을 배우자로 맞이한 건 내 인생 최고의 결정이었다"

"그룹 총수의 결단력(결정)이 그 사업의 핵심 성공요인이다"

"그 의사결정은 탁월했다"

우리는 혼히 감정이나 욕구에 충족되거나 월등한 결과를 만들어 낸 결정을 '좋은 결정'이라 부릅니다. 즉, '결과가 좋아야 좋은 결정이다'라고 평가받게 됩니다. 이에 누구나 '좋은 결정'을 하고 싶어 하지만, 실제로 모든 결정이 좋은 결과로 이어지지는 않습니다. 그럼에도 불구하고 리더의 일상은 대부분 결정의 연속이며, '좋은 결정'을 만드는 것은 리더에게 주어진 중요한 책무입니다. 그러나 대부분의 조직에서 의사결정은 교육이나 훈련이 아닌 그저 리더 개인의 '경험의 결과물'이라고 여기고 있습니다. 그래서인지 리더가 되면 배운 적도 없는 결정을 내려야 하는 달갑지 않은 상황이 계속해서 벌어집니다. 하지만 결정은 한순간에 이루어지는 것이 아니라, 훈련을 통해 배우고 연습하고 지속적으로 개발해가야 하는 과정입니다.

우리는 파트1에서 '좋은 결정'을 다음과 같이 정의했습니다.

좋은 결정은 구성원이 조직과 더불어 성공을 경험하는데 도움이 되고, 한 방향을 바라보도록 명료함을 제공하고, 그 과정에 몰입할 수 있도록 돕는 결정이다.

파트2에서는 '좋은 결정'을 하기 위한 '5가지의 질문'을 소개합니다. 더 나은 결정을 하기 위해서는 먼저 원칙과 기준을 갖고 있어야 하며, 본인도 모르게 갖게 된 나쁜 습관과 심리적 요인들을 버려야 합니다. 또한, 구성원이 결정과정에 참여하고 그들에게 지지 받는 결정을 내리도록 노력해야 합니다. 더불어 결정을 하는 것에 그치지 않고 끊임없이 실행에 집중할 때, 비로소 당신의 결정이 완성되고 좋은 결과가 만들어질 것입니다. 이것이 리더로서 당신이 걸어야 할 '좋은 결정의 여정'입니다.

좋은 결정을 하기 위한 리더라면 다음의 5가지 질문에 스스로 답하면서 결정의 여정을 시작해 보시기 바랍니다.

'좋은 결정'을 위한 5Q

1. 결정의 원칙과 기준이 있는가?

2. 버려야 할 결정 습관이 있는가?

3. 심리적 오류를 경계하고 있는가?

4. 구성원이 결정 과정에 참여하고 있는가?

5. 실행을 통해 결정을 완성해 가고 있는가?

"좋은 결정의 확률을 높이기 위해 검증된 유일한 방법은 좋은 결정의 과정을 배워 사용하는 것이다. 그것은 시간, 에너지, 돈과 평정을 잃는 것을 최소화하면서 최상의 솔루션을 구하는 법이다."

— 존 하몬드John S. Hommond

CHAPTER 1

결정의 원칙과
기준이 있는가?

(1) 고객의 가치를 높이는 원칙과 기준

비즈니스의 핵심은 고객을 만드는 것입니다. 소비자가 우리의 제품이나 서비스에 만족해야 구매가 이어지고 고객이 됩니다. 고객이 없는 기업은 존재할 수 없습니다. 그렇기 때문에 좋은 결정을 하는 리더는 철저하게 고객관점에서 생각합니다. 의사결정을 통해 달성하고자 하는 목적이나 기대효과가 과연 고객에게도 가치있는 일인지를 결정의 원칙과 기준으로 삼는 것입니다.

영화 '다크워터스'는 세계 최대 화학기업 듀폰의 독성물질 유출 및 은폐사건에 대해 다룬 영화입니다. 듀폰은 탱크에 사용되는 코팅제 PFOA를 이용해 프라이팬, 콘택트렌즈, 종이컵, 유아매트 등을 생산하는 기업입니다. 그런데 자체 조사 결과 PFOA의 독성물질이 생필품에 녹아 들어 기형아 출산과 암 발병의 원인이 되고 있다는 사실을 알게 됩니다. 하지만 듀폰은 생산을 중단하기보다 진실을 은폐하는 의사결정을 하게 되고

그 이후 1998년 미국 웨스트버지니아에서 소 190마리가 갑작스럽게 떼
죽음을 당하는 일이 발생합니다. 이때 한 변호사가 이를 조사하기 시작
했고 결국 이 모든 사실이 하나 둘 밝혀지게 됩니다. 듀폰은 은폐 혐의
로 미국 환경보호국 사상 최고액의 벌금 193억 원을 추징당했고, 2015년
부터는 듀폰의 독성물질로 인한 중증 질병 피해자 3,535명에 대한 재판
이 이뤄져 총 8천 억 원 상당의 배상을 하게 됩니다.

듀폰에서 처음 그 사실을 알았을 때 리더가 '이 결정이 고객의 가치를
높이는 결정인가?'라고 질문하고 정직하게 답변했다면 '진실은폐'라는
결정이 내려지진 않았을 것입니다.

듀폰의 은폐 결정은 고객관점의 의사결정도 아니었을 뿐 아니라 당장
은 매출 확대로 이어지는 것 같았지만 결국 회사에 큰 손실을 끼치며 대
표적인 나쁜 결정의 사례가 되었습니다. 옥시의 가습기 살균제, 일본 정
부의 후쿠시마 오염수 방류 계획 등의 사례처럼 고객이 아닌 자사의 단
기적 성과에만 중점을 두는 결정을 하게 되면, 결국 고객은 떠나고 조직
의 성장에도 큰 피해를 입을 수 있음을 반드시 기억해야 합니다.

듀폰의 사례와 대조되는 사례가 있습니다. 고객가치 중심의 경영을
통해 위기를 기회로 바꾼 것으로 유명한 '존슨&존슨'의 이야기입니다.
대표적인 사례가 1982년 미국 시카고에서 일어난 일명 '타이레놀 사건'
입니다. 누군가 고의로 타이레놀 병 속에 청산가리를 집어 넣어 무려 7
명이 사망하는 사고가 발생했습니다. 이때 존슨&존슨은 미국 전역의 타
이레놀을 수거해 전량 폐기했습니다. 그 비용만 총 2억 5,000만 달러(한

화 약 3,000억 원)에 달했으며, 세계 최초의 대규모 리콜이었습니다. 뿐만 아니라 경찰과 식품의약국FDA 등 관계 당국과 긴밀히 협력해 경찰차로 모든 지역을 돌며 타이레놀 캡슐을 복용하지 말아줄 것을 시민들에게 알리기도 했습니다. 이 덕분에 독극물이 주입된 타이레놀이 몇 병 더 발견됐지만 사상자는 나오지 않았습니다. 일사불란한 대처로 존슨&존슨은 소비자들로부터 더 큰 신뢰를 얻으며 다시 진통제 시장 점유율 1위를 되찾았고, 이후 더욱 존경받는 기업이 되었습니다.

앞서 언급했듯이 조직에서 리더가 내리는 결정은 고객 가치를 높이는 결정이어야 합니다. 이것은 당시에는 손해같을지라도, 존슨&존슨의 사례처럼 결국은 더 큰 가치가 되어 돌아오기 때문입니다.

(2) 협업을 만들어 내는 원칙과 기준

좋은 결정을 내리는 리더는 개인과 팀, 팀과 팀 간에 발생할 수 있는 사일로silo 현상1을 극복하고 함께 더 높은 성과를 창출할 수 있는 대안을 찾기 위해 노력합니다. 이때는 반드시 경쟁이 아닌 협업 관점에서의 결정의 원칙과 기준을 세워야 합니다. 여전히 많은 리더들이 사일로silo 화된 영역에서는 자신의 팀의 권한과 이익을 지키는 데 주력하고 있습니다. 이러한 경쟁 때문에 조직에서는 정보가 흐르지 않고 절차가 투명

---

1 **사일로(silo) 현상** 곡식 등을 저장하는 굴뚝 모양의 창고인 사일로(silo)에 빗대어 조직 부서들이 서로 다른 부서와 담을 쌓고 내부 이익만을 추구하는 현상을 일컫는 말로 조직 장벽과 부서 이기주의를 의미하는 용어로 사용되고 있다.

하지 않아 생산성이 감소되고 많은 기회비용이 낭비되고 있습니다. 좋은 결정을 내리는 리더는 자기의 이익이 아닌 조직 전체의 이익을 만들 수 있는 대안을 만들기 위해 노력합니다.

'나만 사랑하는 뇌'라는 표현이 있습니다. 사람은 기본적으로 자기중심성을 가지고 있습니다. 아빈저 연구소는 이를 '상자'에 비유하여 설명합니다. 상자 안에서 밖의 사람들을 바라보고 판단한다면, 자신의 좁은 식견과 견해 때문에 다른 것을 차마 돌볼 수 없습니다. 각 팀이 자신의 상자를 견고히 세울수록 부분 최적화가 될 수 있지만, 집단(부서)의 상자 문제는 협업의 방해요소이자 갈등의 원인이 될 수도 있어서, 조직은 큰 경쟁력을 잃을 수밖에 없습니다. 이를 해결할 수 있는 유일한 방법은 상자 밖으로 나가는 것입니다. 다른 사람에 대한 편견을 버리고, 함부로 판단하지 않고 존중할 줄 알아야 합니다. 좋은 결정을 내리는 리더는 조직 관점에서 결정하는 힘을 가지고 있습니다. 그리고 이것은 고객가치를 창출하는 방법이기도 합니다. 조직은 협업을 통해 고객의 다양한 요구에 대응할 수 있기 때문입니다.

(3) 업무가치를 높일 수 있는 원칙과 기준

UC 버클리 대학의 경영학과 교수이자 협업Collaboration 연구로 유명한 모튼 한센Morten T. Hansen은 그의 저서 『아웃퍼포머Out Performer』를 통해 가치가 있는 결정의 중요성을 이야기합니다. 다음은 아웃퍼포머에 나오는 사례입니다.

일전에 나는 휴렛팩커드를 조사하면서 콜로라도주 콜로라도 스프링스에 있는 사무실에 방문해 엔지니어를 만났다. 내 소개를 하자 그는 너무 바쁘다며 그만 가달라고 손을 내저었다. 실제로 그는 바빴다. 그의 직무기술서에 구체적으로 나와 있는 '이번 주 목표'를 완수해야 했기 때문이다. 그 목표는 분기별 프로젝트 상황 보고서를 본사에 제출하는 일이었다. 분기마다 늘 그랬듯이 그는 제때에 보고서를 보냈다. 목표 완수! 하지만 문제가 하나 있었다. 내가 알기로(그는 몰랐지만) 캘리포니아주 팔로앨토에 있는 휴렛팩커드 R&D 사업부는 더 이상 분기 보고서를 활용하지 않는다. 그가 보낸 보고서는 이메일 수신함 어딘가로 깊숙이 가라앉을 테고 아무도 확인하지 않을 것이다. 그는 직무 기술서에 적힌 목표를 채웠지만 '가치'는 전혀 없었다.

- 모튼한센, 『아웃퍼포머』

모튼 한센은 업무의 가치란 완성도×효율×남들에게 주는 효용이라고 설명합니다. 완성도는 결과물의 정확성, 통찰력, 참신함, 신뢰성 등을 의미합니다. 효율은 속도와 투입 대비 산출입니다. 마지막으로 남들에게 주는 효용은 내 일의 결과가 다른 사람에게 얼마나 도움이 되었는지를 판단하는 기준입니다. 즉, 업무가치를 만드는 결정이란 그 결정이 완성도나 효율도 높아야 하지만 무엇보다 그 결정으로 인해 다른 이들에게 효용을 줄 수 있어야 한다는 의미입니다. 조직이 가지고 있는 자원은 제한되어 있습니다. 한정된 자원 속에서 최고의 효과를 내기 위해서는 선택과 집중이 필요합니다. 좋은 결정을 하는 리더는, 업무 가치를 높일 수 있는 결정을 합니다.

경영활동은 결국 크고 작은 의사결정의 연속입니다. 이때 정확한 원칙과 기준이 있다면 좋은 결정을 내릴 수 있습니다. 특히 불확실성과 복잡성이 높아질수록 원칙과 기준을 만들고 이에 부합하는 결정을 내리는 것은 아주 중요합니다. 단, 예상치 못한 변수들과 실시간으로 변하는 주변 환경으로 인해 원칙과 기준이 있는 결정이 반드시 최고의 결과로 연결되지 않을 수도 있습니다. 그러나 조직과 리더, 고객 간의 신뢰를 만들고, 실행력을 강화시켜 장기적으로 우리가 원하는 결과를 만들기 위해서는 결정에 대한 원칙과 기준이 반드시 있어야 합니다. 그렇기 때문에 리더는 원칙과 기준을 마련하고, 고객과 구성원은 물론, 조직의 방향성까지 고려해 현명한 결정을 내려야 합니다. 이는 조직의 가치를 높이고 지속 가능한 경영을 가능케 합니다. 좋은 결정을 만드는 리더들은 자신의 결정이 고객의 가치를 높이는지, 조직의 협업을 훼손하지는 않는지, 조직의 업무 가치에 부합하는 결정인지, 더 나아가 조직의 품격을 높이는 결정인지 판단해야 합니다. 이처럼 앞서 얘기한 3가지 원칙과 기준(1. 고객의 가치를 높이는 원칙과 기준 2. 협업을 만들어내는 원칙과 기준 3. 업무가치를 높일 수 있는 원칙과 기준)은 결국 밀접하게 연결되어 있고, 이 모든 기준에 부합해야만 좋은 결정이 될 가능성이 높아진다는 것입니다.

CHAPTER 2

버려야 할 결정 습관이 있는가?

직원들은 리더들의 결정을 어떻게 생각하고 있을까요? 직원들은 리더의 결정에 따라 일의 방향과 세부 업무가 결정되기 때문에 리더의 가장 중요한 역할이 '의사결정'이라고 생각합니다. 따라서 리더가 의사결정을 잘하느냐 못하느냐에 따라 리더에 대한 평가가 달라지기도 합니다.

한편, 리더들은 자신의 결정을 돌아보며 보통 좋은 결정을 하고 있다고 믿습니다. 본인은 항상 옳은 의사결정을 하고 있다고 확신하고, 본인의 결정에 따른 결과는 좋은 성과를 가져오리라고 낙관합니다. 이러한 리더의 자기중심적 사고와 착각이 의사결정과정에 반영되고, 리더 개개인의 잘못된 결정습관들이 리더로 하여금 그릇된 결정을 반복하게 만들기도 합니다. 하지만 불행히도 리더들은 나쁜 결정을 만들고 있는 자신의 결정 습관에는 관심이 없거나 이를 외면하곤 합니다.

미국의 의사결정 전략컨설턴트인 애니 듀크^{Annie Duke}는 대다수의 사람들이 스스로를 '편협하지 않고 새로운 정보에 따라 의사결정을 바꿀

수 있는 사람'이라고 말하지만, 정작 새로운 정보에 맞춰 생각을 바꾸기
보단 자신의 결정에 맞춰 정보를 해석하고, 오히려 자기 생각을 반박할
가능성이 조금이라도 있는 정보에 대해서는 틀린 것으로 격하시키며 자
기 결정에 확신을 갖게 된다고 합니다.

이처럼 잘못된 습관들은 말 그대로 습관처럼 반복된다는 게 더 큰 문
제입니다. 습관의 사전적 의미도 '같은 상황에서 반복된 행동의 안정화
또는 자동화된 수행'인 것을 보면, 결정에 있어서도 나쁜 습관은 굳이 노
력하지 않아도 저절로 그렇게 되는 것, 하지 않으면 허전한 것, 그것을
해야 비로소 편해지는 것, 나도 인식하지 못하는 사이 루틴이 되어 버린
것들인 셈입니다.

아래의 그림은 500명을 대상으로 '리더들의 의사결정에 대한 불만 사
항'을 종합한 설문 결과입니다. 주요 불만 키워드와 몇몇 인터뷰 내용을
보면 리더의 나쁜 결정 습관들을 짐작할 수 있을 것입니다.

일방적 쫄定너, 상명하복, 독단	번복 약속파기, 조정, 돌발적 선회	책임전가 책임회피, 탓, 문제 발생시 나몰라
지연 보류, 늦은 결재, 피드백 없음	직원들이 말하는 의사 결정의 불만	경험의존 과거경험으로 쉽게 미래를 판단
불공정 친분(사적) 개입, 원칙과 규정에 벗어남	단기관점 양적성장만 중시	감정개입 기분에 따른 결정, 분노감정

'리더들의 의사결정에 대한 불만 사항' 설문 결과

"오락가락하는 리더의 결정 때문에 매번 보고서의 버전만 늘어납니다. 결국 초기에 작성했던 보고서가 채택되기도 하는데, 이런 상황이 반복되면서 업무 의욕을 잃어갑니다."

"저의 팀장님은 주로 결정 사안을 본인의 경험으로 한정해 결정해 버립니다. 담당자 입장에서 다른 의견이나 중요한 이슈가 있는데도 자유롭게 발언하기가 어렵습니다."

"좋은 결과를 만드는 것보다 결정 이후 본인에게 미칠 파급력에만 집중하여 결정합니다. 조직의 성과보다도 한 개인의 안위를 위해 일하고 있다는 생각에 허무함을 느낄 때가 많습니다."

결정은 배우고 계속 개발해야 할 역량입니다. 이를 위해 좋은 결정을 만드는 원칙과 기준을 아는 것이 첫 번째라면, 두 번째는 나쁜 결정을 만드는 잘못된 습관을 알고 이를 버리는 것입니다. 당신은 어떤 결정 습관을 가지고 있나요? 잘못된 결정을 하지 않기 위해 어떤 노력을 하고 있나요? 이번 장에서는 직원들의 불만이기도 한 리더들의 버려야 할 결정 습관을 이야기하고자 합니다.

(1) 많은 리더들이 자신의 과거 경험에 너무 의존한다.

누구나 자신의 경험과 지식에 의존하여 판단하려는 경향이 있습니다. 문제는 자신의 경험과 지식으로 너무 쉽게 미래를 예측하고 결정을 내린다는 것입니다. 의사들이 환자에 대한 자신의 진단을 100% 확신하는 경우에도 40%는 틀리다는 연구결과가 있습니다. 의사들도 자신의 경험과 지식으로 내린 결정을 너무 과신하는 경향이 있다는 것입니다. 보고서를 제출하는 학생들도 추정치를 내놓고 틀릴 가능성을 1%로 확신하지만 실제로는 27%가 틀린 수치라는 보고도 있습니다.[2]

우리는 경험을 통해 배우고 성장하지만 그 경험이 때로는 새로운 학습과 도전을 기피하는 장애로 작용하는 경우가 많습니다. 특히 그 경험이 성공했던 경우라면 과거 성공 방정식을 지나치게 확신하는 경향을 보입니다. 이번에는 틀릴 수도 있고 더 좋은 대안들이 있는데도 불구하고 본인의 경험으로만 결과를 예단해 버리게 됩니다. 조직의 구성원들이 과거의 경험에 갇혀있는 것은 '학습 장애'와 같습니다. 조직의 새로운 학습을 방해할 수 있기 때문입니다.

더욱이 지금의 세계는 경험을 통해 예측할 수 있는 세계와는 다릅니다. 더 좋은 의사결정을 하기 위해서 리더는 본인의 과거 경험에 갇혀있지 말아야 합니다. 다른 경험도 인정하고 새로운 지식과 기술을 받아들일 수 있어야 합니다.

일반적으로 지시와 수명受命에 익숙한 리더들이 경험에 의존하는 경향이 있습니다. 실무 이해도는 떨어지면서 과거 본인이 경험한 제한적인 정보와 지식으로 예단하여 '맞다 틀리다' 단언할 때면 조직원들은 쉽게 '아니다, 잘못 알고 있다.'고 말하기조차 쉽지 않습니다. 오히려 무조건적 반응인 '네 알겠습니다. 확인해 보겠습니다.'로 모면하기 일쑤고, 결국 실

---

2 칩 히스, 댄 히스, 『자신 있게 결정하라』(2013, 웅진지식하우스)

무자의 검토 사항과 다르게 상사가 원하는 보고서가 만들어집니다.

그렇다면 많은 리더들이 '답정너(답은 정해져 있고 너는 대답만 하면 돼)'라는 비아냥을 들으면서도 일방적인 결정을 내리는 이유는 무엇일까요? 새로운 상황에 직면하면 사람들은 대부분 과거의 경험이나 판단을 기준으로 가정을 세웁니다. 체스 선수는 경기를 할 때 6초라는 짧은 시간 동안 자신에게 유리한 방향으로 말을 움직인다고 합니다. 눈앞에 펼쳐진 상황에 대한 판단을 내리고 지금까지 반복돼 온 패턴을 분석하는 것입니다. 그런데 이런 패턴 인식이 잘못된 판단을 초래하는 경우도 있습니다. 얼핏 과거와 비슷해 보이는 상황에 직면했을 때 사실은 그렇지 않음에도 불구하고 눈앞에 닥친 상황을 잘 이해하고 있는 것처럼 느끼는 것입니다.[3]

어떤 상황에 대한 인간의 행동은 '직접적 지식과 경험'이라는 자신만의 데이터베이스를 훑어보는 일에서부터 시작합니다. 예전에 자신이 내렸던 판단이 마음속에 생생하고 구체적으로 각인돼 사고 체계 중 가장 핵심적인 곳에 자리 잡기도 합니다. 그러나 이러한 '사전 판단'은 생각을 고착화시키고, 특정 방침을 고수하게 만들 가능성이 있으며, 객관성을 희석시키고, 리더를 강렬한 감정에 휩싸이게 해 의사결정에 부정적 영향을 미칠 수 있습니다.[4]

과거의 성공 경험과 지식을 활용하는 것이 왜 나쁜 결정 습관인지 반문하는 사람도 있을 것입니다. 과거의 경험과 지식은 좋은 결정을 만들

---

3 동아비즈니스리뷰(2009.07) 中 '경험은 때로 독배다.', 동아일보사, 2009
4 동아비즈니스리뷰(2009.02) 中 '훌륭한 리더도 가끔 판단이 흐려진다.', 동아일보사, 2009

기 위한 핵심 요소 중 하나입니다. 단, '과거의 틀'에만 의존하는 리더의 습관은 나쁜 결정을 만드는 원인이 됩니다. 이런 리더의 습관은 일상적으로 나타납니다. 특히 리더가 업무 주도권을 쥐고 있거나 결정의 파급력이 경미하다고 판단할 때 더 자주 나타납니다.

(2) 많은 리더들이 결단력이 없고, 결과에 대해 책임지려 하지 않는다.

결정 장애는 '햄릿증후군'이라고도 하는데 결정을 못하는 우유부단함을 상징하는 말로 흔히 사용되고 있습니다. 어느 취업포탈 설문조사 결과에 따르면 성인남녀 10명 중 8명이 결정 장애를 앓고 있다고 하니 점심 메뉴나 선물을 고르는 선택 앞에서 누구나 겪는 흔한 일일 것입니다. 하물며 조직 내 의사결정을 해야 할 때면 단박에 결정하기는 더더욱 어려운 일입니다. 그래서 결정과정에서 논의도 거치고 다양한 검토와 예측도 하는 것입니다.

그렇다면 이러한 결정 장애를 겪는 이유는 무엇일까요? 가장 큰 이유는 나의 선택이 잘못될 수 있다는 두려움 때문입니다. 결과를 마주했을 때 자신의 선택을 후회하게 될까 봐 겁이 나는 것입니다. 둘째는 선택과 옵션이 너무 많은 것이 오히려 원인이 되기도 합니다. 쇼핑을 할 때 선택 안이 너무 많으면 그만큼 결정하기 위한 노력을 해야 하고, 선택하지 않은 것에 대한 미련 때문에 아예 구매를 하지 않는 상황과 같습니다. 셋째는 다른 사람은 어떻게 생각할지, 나의 결정을 어떻게 평가할지 의식하다가 주저하고 마는 것입니다. 결국 이러한 이유들로 당장의 순간을 회피하고자 결정을 안 하고 지연하거나 번복하고, 남 탓, 환경 탓만 하게 되는 것입니다.

이처럼 결정을 해야 하는 순간에도 리더가 결정을 못 하거나 미루는 모습은 조직원에게 결코 좋은 영향을 주지 않습니다. 조직원의 소중한 시간을 잡아먹는 것일 뿐 아니라 의욕과 사기마저 저하시키기 때문입니다. 특히 중요한 의사결정 상황에서 빨리 결정하지 못해 사업 기회를 놓치는 경우도 있습니다. 최종 결정은 리더의 몫입니다. 또 그 결정에 대한 책임도 리더가 받아들여야 할 몫입니다.

(3) 많은 리더들이 외부의 자극에 둔감하고 감정적으로 반응한다.

어느 조직이나 구성원이 힘들어하는 리더가 있습니다. '소통 부재, 공감 부족, 인격 모독, 시대 흐름을 따라가지 못하는 리더십' 등 고통 받는 사유도 여러 가지입니다. 이런 리더가 가지고 있는 공통된 습관 중 하나가 바로 상대방의 말을 끝까지 듣지 않거나 듣기 힘들어 한다는 것입니다. 리더 자신은 성질이 급해서 그렇다고 에둘러 변명하지만 대개 이런 리더는 외부의 자극에 둔감합니다. 주변에서 뭐라 하든 관심이 없습니다. 민감하게 반응하는 것은 오로지 경영진이나 상사의 분위기 입니다.

리더는 결정을 위해 여러 자료와 정보를 인식하고 분석하는 과정을 거쳐야만 합니다. 하지만 외부의 자극에 둔감한 리더는 '자극을 받아들이고 느끼는 성질'인 감수성이 부족하거나 그 속도가 느린 경우에 속하는데, 이 리더는 정확한 원인을 발견하고 해결책을 도출하는 데 한계가 있습니다. 또한 상황을 뒤늦게 인식하고 기존의 결정을 번복하게 될 확률이 높아집니다. 결과적으로 충분한 검토가 되지 못하고 타이밍을 놓치는 결정을 하게 됩니다. 특히 예측되지 않았거나 새로운 상황에서 당황하고 성급한 판단을 내리는 나쁜 결정의 원인이 됩니다.

팀장 : (보고서 첫 장을 읽은 송 팀장) 김 대리, 지난 번에 지시한 내용이 보고서에 없네.

대리 : 말씀하신 내용은 두 번째 장에 있습니다. 고민하다 보니 좋은 아이디어가 떠올라서 새로운 안을 앞쪽에 배치해 봤습니다. 검토 부탁드립니다.

팀장 : 누가 이렇게 하라고 했지? 김 대리가 직접 결정한 거야? 내가 지시한 대로 했어야지!

대리 : (왜 정색을 하시지..) 저는 팀장님께서. 의견을 충분히 내보라 하셔서…

감수성이 부족하고 감정적으로 반응하는 리더는 주로 자기중심적 성향을 가지고 있습니다. 구성원의 심리적 안전감Psychological safety을 해치는 전형적인 리더이기도 합니다. 다른 사람의 입장은 중요하지 않고 자신의 감정에만 집중합니다. 리더의 이런 자기중심적인 모습은 결정을 할 때 필수적인 양질의 정보를 반영하지 못하고, 중요한 구성원의 의견 또한 반영하지 못하는 방해요소로 작용합니다. 또한 순간적 감정에 지배되어 즉흥적으로 판단하는 경우가 많아지고 기존의 결정을 자주 번복하게 됩니다. 결국 리더와 구성원 간의 신뢰가 저해되는 악순환에 빠지기 쉽습니다.

CHAPTER 3

심리적 오류를
경계하고 있는가?

사람이라면 누구나 결정과정에서 본인도 모르게 심리적 요인으로 인한 오류를 범하기 쉽습니다. 이를 알고 여기에 빠지지 않도록 경계하는 것 역시 의사결정의 중요한 과정입니다. 여러분은 피해야 할 심리적 요인을 알고, 경계하고 있습니까?

모든 정보를 꼼꼼하게 검토하고 온전히 합리적인 판단을 하는 인간 (호모 에코노미쿠스)은 상상 속에서만 존재하지 않을까요? 대부분 한정적인 정보에 근거한 제한적 합리성에 따라 혹은 감정에 이끌려 판단합니다. 이것이 행동경제학에서 말하는 의사결정의 정의이기도 합니다. 나쁜 결정을 하지 않기 위해서는 리더 스스로 본인의 의사결정에 대한 취약성을 인정할 수 있어야 합니다. 누구나 앞에서 언급한 결정 습관과 더불어 심리적 요인에 의해 잘못된 결정을 할 수 있는 취약성을 갖고 있습니다.

구성원들은 때때로 리더에게 불확실한 미래를 꿰뚫어 보는 혜안을 기대하기도 합니다만 리더 역시 불확실한 미래에 확신이 없기는 마찬가지입니다. 리더는 가문 땅에 비를 내리는 주술사나 제사장이 아닙니다. 혹시 그로 인해 비가 온다면 그건 단지 비가 올 시기였기 때문일 것입니다. 이번 장에서는 의사결정과정에서 리더가 착각에 빠지기 쉬운 심리적 요인들에 대해 이야기하고자 합니다. 리더가 결정상황에서 갖게 되는 심리적 오류를 경계하고 의사결정을 할 때 결과의 질도 좋아질 확률이 높아집니다.

(1) 확증 편향과 허위 합의효과

리더는 의사결정을 위해 관련 정보를 찾곤 합니다. 하지만 정보를 수집할 때 경영자의 머릿속은 이미 백지상태가 아닙니다. 기존의 생각과 지식이 담겨 있기 때문입니다. 인간은 자신의 신념, 기대, 생각을 지지해 주는 정보는 중요하게 여기는 반면, 이에 반하는 정보는 무시하거나 축소시키는 경향이 작용하는데 이를 확증 편향confirmation bias이라고 합니다. 확증 편향은 리더의 정보탐색과 해석에 영향을 미치며, 잘못된 생각일 수 있는데도 자신의 생각에서 벗어나지 못해 잘못된 의사결정을 초래할 수 있습니다.

확증 편향에 빠지게 되면 대안을 선택할 때 자신이 선택하지 않은 대안의 장점을 축소하고 단점을 부각시키는 반면, 자신이 선택한 대안에 대해서는 장점을 부각시키고 단점을 축소합니다. 심지어는 자신이 선택하지 않은 대안은 무시해버리기도 합니다. 심리학자 게리 클라인Gary

Klein이 지적하듯이 우리의 뇌는 결론부터 성급하게 내리고, 다른 대안을 고려하려고 하지 않습니다. 그러나 안타깝게도 자기 의견에 대한 확신과 결론의 정확성이 꼭 일치하는 것은 아닙니다. 이러한 자신의 의견에 대한 지나친 확신은 주어진 정보들을 자신의 견해를 지지하는 방향으로 왜곡하는 현상이 크게 나타날 수 있으므로 주의해야 합니다.

허위 합의 효과false consensus effect는 자기가 생각하고 행동하는 방식대로 다른 사람들도 생각하고 행동한다고 믿는 현상을 말합니다. 의사결정과정에서 리더 자신의 생각과 다른 사람들의 생각이 합치하는 정도를 과대평가하는 오류인 셈입니다. 상대적으로 나이가 많은 사람, 권력이 있는 사람, 자기존중이 높은 사람, 유유상종을 좋아하는 사람들에게서 허위 합의 효과가 더 쉽게 나타난다고 합니다. 가령, 팀장은 모두가 좋아할 것이라고 생각해 음식 메뉴를 정하고 팀원들도 하나같이 리더의 제안에 '저도 좋습니다' 대답하지만 팀원 모두가 진심이 아닐 수 있습니다. 이러한 허위 합의 효과는 상대와의 합의과정을 자의적으로 판단하게 될 뿐 아니라 조직 구성원들과의 정상적 소통과 합의를 심각하게 방해합니다. 그렇다면 왜 리더들에게 허위 합의 효과가 더 자주 발생할까요?

누구나 자기결정에 합리화 속성을 가지고 있고, 자신의 생각과 태도, 행위가 남과 다르지 않은 보편적인 것이라고 믿는 것이 인지적으로 조화와 안정감을 제공받을 수 있기 때문입니다. 특히, 결정을 해야 하는 리더들의 경우 '이것은 내 생각일 뿐 아니라 여러분도 그렇게 생각하고 있잖

아요?'라며 판단의 근거를 다른 사람들의 동의와 지지로 확보하고자 하는 그릇된 심리적 요인에 의해 허위 합의 효과가 발생하기도 합니다.

리더들은 '내가 그 일을 해봐서 아는데...' 등 확신에 찬 말들을 하며 자신의 결정을 지지해 줄 것을 은연중 강요하게 되고, 조직 구성원들도 리더의 성향과 의중에 맞춰 억지 동의를 하는 경우가 많을 수밖에 없습니다. 결국 리더는 자기 입장을 지지하는 의견만을 선택적으로 수용하고 기억하면서도 다른 의견에 대해서는 주목하지 않을 뿐 아니라 귀를 닫고 외면하는 경향을 보이게 됩니다. 리더가 독단적인 의사결정을 하면서도 많은 구성원의 합의에 의한 결정이라 착각하게 되는 이유입니다. 다른 사람들의 동의와 지지가 의도되거나, 허위 혹은 거짓일 수 있다는 경계를 하지 못하는 것입니다.

(2) 자기과신과 낙관주의

자신감이 넘치는 리더의 모습은 구성원들에게 매우 매력적일 수 있습니다. 다만 너무 지나칠 경우는 주의해야 합니다. 가장 큰 위험은 자신의 역량은 과대평가하는 반면 타인은 과소평가한다는 데 있습니다. 이러한 자기과신은 주변 사람들의 칭찬이나 부하직원들의 추종, 나를 지지해 주는 힘 있는 상사로 인해 본인도 모르게 영향을 받을 수 있습니다. 자신감이 지나치다 보면 자신의 행위나 특질에 부당하게 큰 가치를 부여하는 자기애적인 반응을 보이게 됩니다. "내가 결정하면 되는 거야", "감히 누가 나한테 뭐라고 할 수 있나?", "지금까지 내가 해온 걸 보면 모르나?"와 같은 내면의 자아가 계속 쏘아 올리는 말들이 자신감을 형성하며 판단력을 흐리게 만들 수 있습니다. 본인에게 듣기 좋은 말만 취해서 듣기도 합니다. 자기애적 자신감이 강한 리더는 대인관계에 예민하고 상황에 따라 자기조절 능력을 상실할 수도 있기 때문에 나의 자신감의 실체를 보기 위해 리더는 항상 내면의 거울을 잘 닦아야 합니다. 그리고 반드시 나의 의견에 과감하게 반대를 할 수 있는 구성원이 팀 내에 있도록 분위기를 열어두는 게 좋습니다.

이와 함께 은연중에 리더들에게 나타나는 심리상태 중 하나가 낙관주의입니다. 성공에 대한 확신으로 남은 실패해도 나는 성공한다는 믿음을 갖는 것으로, 이런 낙관주의가 지나칠 경우 현실 세계를 부정하거나 제대로 인지하지 못하고 '모두가 안 돼도 나만은 잘 될 거야'라는 비현실적인 기대에 빠지기도 합니다. 많은 리더들이 본인도 모르게 비현실적 낙관주의를 갖고 결정을 하고 있음에도 스스로 인지하지 못하는 경우가 많습니다. 우리의 인생과 비즈니스에는 우리 스스로가 통제할 수 있는 것도 있지만 그렇지 않은 것도 많습니다. 운이라는 변수도 너무 크게 작용하고 무작위로 발생합니다. 그래서 어제와 같은 방법이 또 다시 성공할 것이란 보장은 없습니다. 성공을 보장하듯 리더의 결정 그 자체가 만병통치약처럼 오용돼서는 안 될 것입니다. 의사결정권자가 낙관적 편견에 빠지게 되면 미래를 예측하는 자신의 능력을 과대평가하게 되는데, 이로 인해 승자의 저주에 빠지는 결과를 초래하기도 합니다.

(3) 결과로만 판단하려는 편향된 믿음

일기예보에서 오늘 비가 올 확률이 70퍼센트라고 해서 우산을 가지고 출근했는데 하루 종일 비 한 방울 내리지 않았다면 우산을 휴대하기로 한 여러분의 결정이 옳지 않은 걸까요?

결과로만 본다면 우산을 휴대할 필요가 없었지만, 나름 일기예보의 확률을 고려한 이성적인 선택이었고 이를 잘못된 결정이라 보는 사람은 많지 않을 것입니다. 만약 대리운전을 부르지 않고 음주운전을 했는데 다행히도 무사히 집에 돌아왔다고 해서 이것을 좋은 의사결정이었다든가, 운전 실력이 좋은 덕분이라고 생각하는 사람도 없을 것입니다. 운이 따라준 한 번의 결과를 바탕으로 미래의 의사결정을 바꾸는 건 위험할 뿐 아니라 바람직하지 않은 일입니다.

이런 의문도 있습니다. 의사결정에 대해 이것이 옳았는지 언제 알 수 있다고 보는가? 가령 주식투자는 단기간에 결과를 볼 수 있지만 기업이 새로운 투자를 결정했을 때 그 수익은 수년 후에나 확인할 수 있습니다. 기업의 의사결정에 대한 결과는 바로 나타나는 것도 아니고, 당시에는 좋았지만 지금은 나쁠 수 있습니다. 우리나라 기업은 오너의 의사결정 비중이 높은 특성으로 인해 미래를 보고 장기간에 걸친 투자가 이뤄지기도 합니다. 반면 전문 경영인이나 임원진들은 재임 기간 내에 성과를 도출해야 하는 상황이므로 리스크가 있거나 도전해야 하는 기회에 과감하게 투자할 수 없는 것도 현실입니다. 의사결정과 동시에 그 결과를 평가하기 어렵고 언제 나올지 모르는 결과를 기반으로 의사결정의 옳고 그름을 평가하는 것도 쉽지 않습니다.

의사결정을 내릴 때는 합리적이고 납득 가능했을지라도 결과가 나쁘면 당초의 의사결정이 옳지 않았다고 판단하거나, 반대로 의사결정이 합리적이지 않았더라도 결과가 좋으면 그때의 의사결정이 옳았다고 판단하는 현상은 여러분의 조직에서 자주 발생하는 편향일 겁니다. '결과로 말하라'라는 결과 지상주의 문화가 팽배한 조직일수록 결과 편향이 강하게 나타날 가능성이 클 것입니다.

문제는 결과 편향으로 인해 합리적인 의사결정 과정이 매도되고 결과만 좋으면 의사결정 과정이야 아무런 상관없다는 분위기가 형성되어 버리면 구성원들이 전략적인 사고를 하지 않으려 한다는 것입니다. 또한 과정이야 어떻든 결과에 따라 보상받는다면 결과를 좋게 내려고 무리수를 두게 될 위험도 매우 큽니다. 더 큰 문제는 과정이야 어떻든 결과를 좋게 낸 사람에게 더 중요한 일을 맡기게 된다는 것입니다. 결과 편향으로 인해 중용된 사람이 더 중요한 일을 성공시킬 가능성이 과연 얼마나 될까요?

우산을 가져가지 않는 결정, 대리운전을 부르지 않는 결정들이 설령 운이 좋아 좋은 결과를 낳았다고 하더라도 의사결정 과정에서 비이성적인 결정을 했기 때문에 리더로서 계속 의사결정을 맡길 수 없을 것입니다. 다른 의사결정에서는 치명적인 결과를 가져올 수 있기 때문입니다.

이번 장에서 다룬 편향들은 사람이면 누구나 갖게 되는 현상이기도 하고 피한다고 해서 쉽게 없어지지 않을 수 있습니다. 하지만 이러한 편향들이 당신의 의사결정에 미치는 영향을 최소화하기 위해 늘 노력해야 합니다. 리더인 당신에게도 이러한 편향들이 발견된다면 이를 피하는 특별한 방법을 찾기보단 올바른 결정의 원칙과 기준이 정립되어 있는지 다시 점검해 보기 바랍니다.

이 장을 마무리하며 심리적 요인과 더불어 의외로 의사결정에 많은 영향을 끼치고 있는 리더 개인의 컨디션에 대해 말씀드리고자 합니다. 가장 최근에 푹 쉬어본 적이 언제인가요? 리더들은 주말에도 업무 때문에 바쁘거나 일은 하지 않아도 마음은 사무실 책상 혹은 상사의 방에 가 있는 경우가 많습니다. 실제로 어떤 리더는 통 쉬지를 못합니다. 만약 이런 분들이라면 자신의 회복 탄력성을 점검해보는 게 좋겠습니다. 회복 탄력성 지수는 자기 조절력, 대인관계, 긍정성 이 세 가지로 나뉘는데, 때로 리더와 구성원에 대한 자가 진단을 해보는 것도 도움이 될 것입니다.

컨디션이 나쁘면 작은 자극에도 분노를 표출할 수 있습니다. 그러므로 리더는 프로젝트와 프로젝트 사이에 적절한 휴식을 취하고 스트레스를 풀기 위한 자신만의 노하우를 찾아야만 합니다.

언제 쉬고 어떻게 스트레스를 해소하나요? 혹시 과음으로 달래고 있진 않은가요? 컨디션 관리가 되지 않는 팀장을 볼 때 구성원들은 어떤 생각을 할까요? 대부분은 "자기 관리를 못하는 리더" 혹은 "오늘도 쩔으셨네, 불똥이 나에게 튀기 전에 시킨 거 빨리 해놓자" 이런 경우가 많습니다. 리더십 진단 결과, 구성원들이 가장 부담스러워 하는 직속 상사의 모습은 자기 관리, 컨디션 관리를 못하는 것이었습니다. 옷차림, 안색, 헤어스타일, 말투, 심지어 차량 상태까지 말입니다.

CHAPTER 4

구성원이 결정 과정에 참여하고 있는가?

좋은 결정을 하기 위한 리더의 여정에서 중요한 네 번째 질문은 결정 과정에 '구성원이 참여할 수 있는 분위기가 형성되어 있는가'입니다. 조직은 리더와 구성원의 상호작용을 통해 성과를 만들어갑니다. 좋은 결정을 만드는 리더는 결정의 순간에 구성원이 참여할 수 있도록 환경을 만드는 리더입니다.

결정 과정에 구성원이 참여한다는 것은 리더 혼자 결정하는 것이 아니라 필요한 순간에 필요한 사람들이 결정을 내릴 수 있다는 뜻입니다. 그렇기 때문에 리더라면 늘 다음과 같이 자문해봐야 합니다. '구성원이 결정에 영향을 미칠 수 있는가?' 구성원들이 결정에 참여하게 만들기 위해서는, 가장 먼저 결정에 필요한 원칙과 기준을 공유해야 합니다. 또한, 결정 과정에서 구성원이 꼭 필요한 말을 할 수 있고, 결정을 통해 함께 배우는 분위기가 형성되어 있어야 합니다. 이것은 좋은 조직문화와 맞닿아 있습니다. 좋은 결정이 자라는 문화라는 것은 결국 좋은 조직문화를 가꿔야 한다는 의미입니다.

좋은 조직문화란 즐겁게 성과를 낼 수 있는 환경을 의미합니다. 좋은 조직문화의 3가지 조건은 다음과 같습니다. 첫 번째, 구성원들 사이에 공동의 목표와 정체성이 확립되고 공유되는 환경이어야 합니다. 의미에 일관성이 있고 그것이 공유될 때 리더도 팀원도 좋은 결정을 내릴 수 있습니다. 두 번째, 실수를 통해 배우는 팀 문화가 잘 형성되어 있어야 합니다. 좋은 결정이 자라려면 실수를 통해 배우는 환경이 중요합니다. '결정이 실패했을 때 우리의 조직은 얼어붙는가, 아니면 이를 통해 배우고 성장하는가?'는 이를 판단하는 중요한 기준입니다. 마지막 세 번째, 참신함을 장려하고 실험과 변화를 허용하는 환경이 조성돼 있어야 가능합니다. 그래야 지속적으로 좋은 결정을 할 수 있게 됩니다. 이처럼 좋은 조직문화와 좋은 결정이 자라는 문화는 일맥상통합니다.

좋은 결정을 만드는 리더는 자신이 좋은 결정을 내릴 수 있는 환경을 만들고 스스로 노력합니다. 동시에 자신이 만든 환경 안에서 함께 하는 팀원들도 좋은 결정을 할 수 있도록 돕습니다. 결정은 일시적인 것이 아니라 과정이라는 것을 이해하고 좋은 결정이 자라는 문화, 즐겁게 성과 내며 일할 수 있는 좋은 조직문화를 만들기 위해 노력합니다.

결정 과정에 구성원이 참여할 수 있는 문화를 구축하기 위해 중요한 세 가지 요소가 있습니다. 심리적 안전감, 성장 마인드셋, 취약성의 고리가 그것입니다. 즉, 자유로운 발언이 가능한 환경, 의견이 수용되는 환경, 결정의 과정과 결과를 배움으로 연결하는 환경을 의미합니다. 또한, 기꺼이 취약함을 드러낼 수 있으며 함께 문제를 해결하고 결정할 수 있는 환경입니다. 리더는 맡은 조직에 이 세 가지 요소를 구현함으로써 결정 과정에 구성원이 참여할 수 있는 문화를 만들어 갑니다. 하나씩 살펴보겠습니다.

(1) 심리적 안전감 Psychology Safety

먼저 심리적 안전감입니다. 심리적 안전감 Psychological safety은 구글의 아리스토텔레스 프로젝트 Project Aristotle로 유명해진 개념입니다. 구글은 2012년부터 2015년까지 3년간 피플애널리틱스를 기반으로 탁월한 팀이 가지는 특성에 대해 연구했고 5가지 중요한 특성을 발견했습니다. 심리적 안전감, 분명한 역할과 목표, 신뢰할 수 있는 동료, 자신의 업무가 중요하다는 믿음, 그 업무가 팀에도 중요하다는 믿음이 바로 그것입니다. 그리고 그중 가장 기반이 되는 핵심요소로 심리적 안전감을 꼽았습니다. 팀의 역량, 리더십의 특성과 스타일이 다르기 때문에 탁월한 팀이 가지는 공통 요소를 규정할 수는 없었으나, 탁월한 성과를 내는 팀은 모두 심리적 안전감을 가지고 있었습니다.

심리적 안전감은 동료들에게 본인이 가지고 있는 원래의 모습을 솔직히 보여줘도 편안함을 느낄 수 있는 상태를 의미합니다. 심리적 안전감 연구로 유명한 에이미 에드먼슨 Amy C. Edmondson은 심리적 안전감을 '조직 구성원이 자유롭게 의사소통할 수 있는 분위기'로 정의했습니다. 그러면서 심리적 안전감은 조직마다 다르며 각각의 조직이 가진 고유한 자산이 된다고 설명합니다. 구성원 개인의 성격적 특성이 아니라 리더가 만들어 갈 수 있는 조직/팀의 특성이라는 이야기입니다.

"이대로 추진하세요."

O사는 결국 30억 부도가 났다. 실무자들은 대부분 그런 결과를 예상했지만, 아무도 말하지 못했다. A 본부장의 의사는 강력했고, 과거 그분의 성공 경험은 이미 회사에서 전설같이 전해지기 때문이다. 그런 성공 경험을 기반으로 강하게 확신하고 추진하는 A 본부장에게 어떤 팀장이 반대 의견을 낼 수 있을까? 그 결정은 추진되었고, 3개월도 되지 않아 결국 그 회사는 부도가 났다. 부도를 처리하기 위해 3년간 직원들이 많은 고생을 했다. 그런데 여전히 달라진 것은 없다.

팀장을 비롯한 실무진들은 본부장의 결정이 어떤 결과를 가져올지 예측할 수 있었습니다. 그러나 이 조직에는 그 의견을 공개적 혹은 개인적으로 본부장에게 전달할 수 있는 심리적 안전감이 없었습니다. 물고기는 물이 없는 곳에서 자랄 수 없고, 왕골은 진펄이 아닌 곳에서 자랄 수 없습니다. 좋은 결정은 심리적 안전감이 없는 환경에서는 자랄 수 없습니다. 좋은 결정을 만드는 리더는 이를 알고 심리적 안전감 형성을 위해 노력하는 리더입니다. 심리적 안전감은 좋은 결정이 태어나고 자라기 위해 가장 기반이 되는 환경입니다.

(2) 성장 마인드셋Growth Mindset

40년간 사람들의 마음가짐마인드셋, mindset 연구를 진행한 스탠퍼드 대학의 캐롤 드웩 교수Carol S. Dweck는 사람들의 마음에 상반되는 두 가지 마음가짐이 있다는 것을 발견했습니다. 하나는 고정 마인드셋이고 다른 하나는 성장 마인드셋입니다. 고정 마인드셋은 사람의 재능과 능력은 바뀌지 않고 고정되어 있다는 믿음입니다. 반면 성장 마인드셋은 현재 가진 자질은 발전할 수 있다는 믿음입니다.

성장 마인드셋을 가진 조직은 경험을 통해 배웁니다. 반면 고정 마인드셋을 가진 조직은 자신의 성과를 주장하고 자신의 우월성을 주장합니다. 역량은 변하지 않는다는 전제하에 변화와 가능성보다는 평가와 인정에 초점을 맞춥니다. 그러다 보니 고정 마인드셋을 가진 조직에서는 좋은 결정이 자라나기 어려운 것입니다.

앞서 언급한 O사의 사례에서 본부장의 실수는 결국 수년 동안 비용을 지불하고서야 만회할 수 있었습니다. 그런데 더 중요한 것은 그 실수를 통해 '리더와 조직이 무엇을 배웠는가'입니다. 그 사건을 통해 좋은 결정에 필요한 요소인 가치를 만들어내는 힘, 실행하고 싶은 동기를 갖게 하는 일, 예측 가능한 기준을 마련하는 일 3가지가 중요하다는 것과 심리적 안전감 형성이 중요하다는 것을 배웠다면 비록 값비싼 대가를 치렀지만 그것은 가치 있는 경험이 됩니다. 학습을 통해 좋은 결정이 만들어지는 환경으로 변모한 것입니다.

성장 마인드셋을 가진 조직은 경험을 통해 배웁니다. 이때는 성장을 위한 질문을 해야 할 필요가 있습니다. 예를 들어, 마릴리 애덤스Marilee G. Adams는 『삶을 변화시키는 질문의 기술』이라는 저서를 통해 질문에는 심판자의 질문과 학습자의 질문이 있다고 이야기합니다. 실패한 결과를 두고 "누구 탓이지?", "어쩌다 이렇게 됐지?", "그들은 왜 그렇게 어리석고 실망스러울까?" 등은 심판자의 질문입니다. 심판자의 실문을 하는 환경에서는 좋은 결정이 자라기 어렵습니다. "무슨 일이 일어난 거지?", "이 상황에서 배울 점은 뭘까?" 등 학습자의 질문이 바로 성장 마인드셋에 기반한 질문입니다. 이런 질문으로 조직은 실패를 통해 학습할 수 있고, 학습은 곧 성장과 연결됩니다.

고정 마인드셋 환경 속에서도 한두 번 좋은 결정은 가능합니다. 그러나 결정을 통해 학습하고 학습한 것을 다시 새로운 환경과 문제에 적용할 수 있을 때 조직은 변화에 민첩하게 대응하고 성장할 수 있습니다. 실수할 수 있고 실패할 수 있습니다. 그러나 그 경험을 통해 무엇을 학습하고 어떻게 성장으로 연결할 수 있는가는 조직의 생존에 중요한 문제입니다. 미국 게임업체 라이엇게임즈의 아흐메드시드키Ahmed Sidky 부사장은 '애자일코리아 컨퍼런스 2018' 기조강연을 통해 조직 성공의 핵심은 '고객지향'과 '학습 문화'라고 이야기합니다. 즉, 애자일한 트랜스포메이션을 위해 리더들이 성장 마인드셋을 가지고 학습하는 조직을 만들어 갈 때 문화가 변화하고 전략, 구조, 프로세스도 따라가게 된다는 것입니다.

결과가 좋은 결정만 이야기한다면 같은 문제가 반복될 것이고, 결국 본질이 빠진 제도와 시스템의 변화가 구성원의 저항과 피로도만 높이는 결과를 초래할 것입니다. 좋은 결정을 만드는 리더는 자신뿐 아니라 구성원들이 모두 좋은 결정을 내릴 수 있도록, 그러한 결정이 탄생하고 자랄 수 있는 환경을 함께 만들어 갑니다.

(3) 취약성 Vulnerability 의 고리

세 번째는 취약성의 고리입니다. 솔직하게 자신의 의견을 이야기할 수 있는 심리적 안전감, 결정으로부터 함께 배우는 성장 마인드셋이 있는 환경에서는 기꺼이 자신의 취약함을 노출할 수 있게 됩니다. 취약함을 노출한다는 것은 나에게 부족한 점이 있고, 도움이 필요하다는 신호를 보내는 것입니다. 이는 어려운 결정상황에 처하면 기꺼이 이를 팀에 꺼내놓을 수 있다는 것을 의미합니다. 스스로 모든 결정을 하려고 하는 것이 아니라 도움을 구하는 것입니다.

취약성의 고리는 하버드대 경영대학원에서 조직행동론을 연구하는 제프 폴저가 주장한 개념입니다. 한 사람이 자신이 취약하다는 신호를 보내면 상대방도 취약하다는 신호로 화답하면서 서로 취약성을 공유하고 이는 높은 신뢰로 이어진다는 개념입니다. 조직컨설턴트인 패트릭 랜시오니는 이를 '취약성 기반의 신뢰'라고 부릅니다.

리더가 도움을 구할 수도 있고 구성원이 도움을 구할 수도 있습니다. 취약성의 고리는 그 신호에 화답하는 방식입니다. 어떤 조직문화는 그 신호에 화답하여 '나도 취약함이 있습니다. 함께 우리 문제를 해결해봅시다라고 화답합니다. 어떤 조직문화는 무능력이라고 판단하고 비난합니다. 좋은 결정이 자라는 문화는 이런 행동을 무능력으로 비난하는 것이 아니라 함께 고민하고 문제 해결을 위해 기여하는 문화입니다.

이처럼 좋은 결정을 위한 환경 조성을 위해 리더는 맡은 조직에 세 가지 기둥을 세울 필요가 있습니다. 필요할 때 솔직하게 자신의 의사를 표현할 수 있는 심리적 안전감, 경험을 통해 배우고 학습하는 성장 마인드셋, 그리고 기꺼이 취약함을 노출하고 함께 문제를 해결하고 배우는 취약성의 고리입니다. 리더의 역할은 이 기둥들을 굳건하게 세우고 서로 튼튼하게 연결하는 것입니다. 그래서 로버트 E. 퀸Robert E. Quinn은 '우리는 다리Bridge를 놓아 가면서 그 다리를 건넌다'라고 말했습니다. 리더십은 끊임없이 역동하고 반추하며 함께 진실한 연결을 만들어 가야 하는 여정입니다. 여러분은 좋은 결정이 자라는 문화를 만들기 위해 노력하고 있습니까?

CHAPTER 5

실행을 통해 결정을 완성해 가고 있는가?

결정을 하는 것 자체에 그치지 않고, 실행을 통해 결과를 만들 때 결정은 완성됩니다. 실행을 통해 꾸준히 결정을 완성해 가고 있습니까?

(1) 리더는 결정의 타이밍을 놓치지 않아야 한다.

초고속시대를 살고 있는 요즘, 기업들의 스피드 경영 역시 기본이 되어가고 있습니다. 하지만 대부분의 기업활동이 빨라지지 않고 오히려 늦어지기도 합니다. 글로벌 리서치 회사인 CEB 보고서에 따르면 지난 5년간 가장 기초적인 의사결정조차 그 속도가 느려졌다고 합니다.

인사담당자들을 대상으로 한 설문에서는 신규직원 채용기간이 2010년 42일에서 2015년에는 63일로 증가했으며, 글로벌 프로젝트 매니저 2,000명을 대상으로 한 설문에서도 IT 프로젝트 완수에 드는 평균 소요기간이 2010년부터 2015년 사이에 무려 30일 이상 늘어났다고 합니다.

이렇게 기업 활동이 느려지는 이유는 무엇일까요? 첫째는 실패에 대한 두려움 때문입니다. 지난 20년간 글로벌 Top10을 지킨 기업은 마이크로소프트 뿐입니다. 최근 10년 사이에만 순위 내 기업이 80% 나 바뀌었고, 그 중 상당수는 신생기업입니다. 다시 말해, 비즈니스 환경이 예전보다 훨씬 빠르게 바뀌고 있다는 것입니다. 이러한 빠른 환경 변화에 발맞춰 가기는 쉽지 않습니다. 따라서 성패를 가를 기업의 결정은 더욱 신중해지고, 기업 내 경영자들은 자신의 결정으로 인한 책임 앞에서 작아질 수밖에 없습니다.

둘째는 내부의 의사결정 구조가 복잡해졌기 때문입니다. 조직 내 통제나 위험관리 기능이 확대되면서 법적검토, 공정거래 이슈, 환경문제, 개인정보 등 한 가지 결정을 위해서도 사전에 검토할 사항이 많아지고 관련 부서도 늘어났습니다. 대체로 보고서의 결재라인은 줄었지만, 보고서의 결재를 받기 위한 사전 검토는 훨씬 늘어났습니다. 예를 들어, 1993년 우리나라 대형마트 1호점이 출점했던 시절에는 장사가 너무 잘돼서 '돌을 갖다 놓아도 팔릴 거야'라는 농담이 있을 정도였다고 합니다. 이때는 빠른 출점을 위한 부지확보와 구색확대 등 모든 변화의 초점이 속도에 맞춰졌습니다. 하지만 이제 대형마트를 출점하기 위해서는 10가지 이상의 규제를 해결해야 합니다. 프랜차이즈 커피전문점, 편의점 역시 점포 하나 내기가 쉽지 않은 요즘입니다.

셋째는 내부뿐만 아니라 외부적으로 고려할 요소들도 많아졌기 때문입니다. CEO를 비롯한 리더들의 결정에 직원들이 조금이라도 불합리하다고 느끼면 바로 '블라인드'와 같은 앱에 날선 비판 글이 올라와 사회적 파장을 일으키기도 합니다. 기업에서는 결정으로 인한 경제적 손실 못 지않게 사회적 이미지 손상에 더 신경을 쓰는 시대가 되었습니다. 경제적 회복보다 이미지 회복이 더 어렵기 때문입니다.

경영자들의 의사결정은 점점 어려워지고 있습니다. 그러나 '장고 끝에 악수'라는 말이 있듯 결정에는 타이밍이 중요합니다. 꼭 빠른 판단과 결정이 좋은 것만은 아니지만, 골든타임을 놓쳐 나락으로 떨어진 기업들도 수없이 많습니다. 필름으로 한때 이름을 날리던 코닥과 즉석사진의 대명사 폴라로이드가 대표적인 예입니다. 2000년대 초, 이들은 디지털로의 제품 전환을 미루는 바람에 변화의 흐름 속에서 날개 없는 추락을 하게 되었습니다.

인간은 어떤 결정으로 인한 이득보다 손실에 더 민감합니다. 따라서 손실에 대한 두려움 때문에 쉽게 결정을 내리지 못하는 경우가 많습니다. 그러나 그렇다고 아무 결정도 하지 않는다면 아무것도 이룰 수 없습니다. 더욱이 무한경쟁 속에서 가만히 있으면 가진 것조차도 뺏길 수 있습니다.

그렇다고 리더가 항상 옳은 판단만 할 수는 없습니다. 자신의 결정이 뭔가 잘못되었다는 판단이 들 때 리더는 타이밍을 놓쳐서는 안 됩니다. 다른 선택이 필요하다고 판단되면 결정을 번복할 수 있는 용기도 필요합니다. 이때 구성원이나 고객들이 자신에게 실망할까 두려워 결정을 바꾸지 않는 경우가 종종 있습니다. 그러나 번복 자체보다 '결정을 바꾸는 과정이 얼마나 투명하고 공정하였는가가 신뢰 형성에 더 중요한 요소로 작용합니다. 따라서 번복을 포함하여 의사결정 타이밍을 놓치지 않는 것이야말로 가장 어려우면서도 가장 중요한 리더의 역할이라고 할 수 있습니다.

(2) 리더는 결정에 대한 구성원의 참여와 지지를 이끌어 내야 한다.

리즈 와이즈먼Liz Wiseman은 『멀티플라이어』에서 두 종류의 리더를 소개합니다. 주변 사람들의 지적 능력과 역량을 한층 높이 끌어올려 그들로 하여금 아이디어를 꽃피우고 문제를 해결할 수 있도록 이끄는 리더 유형이 있는데, 이를 '멀티플라이어'라고 합니다. 반면, 주위 사람들의 에너지와 의욕을 떨어뜨리고 늘 자신이 가장 똑똑한 사람임을 증명하려고 하며, 결과적으로 구성원의 재능과 헌신을 고갈시키는 리더 유형도 있는데, 이를 '디미니셔'라고 부릅니다.

한 보고에 따르면, 미국인의 86%는 일에 만족감을 느꼈는데 이후 그 비율은 서서히 감소하고 있다고 합니다. 다수의 기업 임원을 진단한 결과, 그들은 평균적으로 직원 능력의 66%밖에 활용하지 못한다고 합니다. 이는 여전히 많은 조직의 구성원들이 업무는 과도하게 하면서도 잠재력을 제대로 발휘하지 못하고 있음을 의미합니다.

멀티플라이어는 독단적으로 결정하지 않고 철저한 토론을 통해 결론을 도출합니다. 그들은 정확하게 판단하는 것 못지않게 함께 일하는 사람들 모두가 주인의식을 갖게 하는 것이 중요하다는 것을 알고 있습니다. 주인의식은 의사결정에 '주인공'으로 참여할 때 가장 많이 느끼게 됩니다. 즉, 구성원이 의사결정에 많이 참여하는 조직일수록 지속적으로 훌륭한 성과를 낼 수 있는 것입니다.

여기 반대되는 사례가 있습니다. A사의 신사업팀은 근 3개월 동안 차기 수입원이 될 아이템 발굴을 위해 주말도 반납하고 일했습니다. 인구 변화에 따른 트렌드를 파악하고, 그동안 회사가 쌓은 이미지와 기술력을 바탕으로 후보들을 검토하였습니다. 그 결과, 최종적으로 기능성 음료와 간편 조리식 2가지로 압축이 되었습니다. 그러나 두 아이템의 성격이 전혀 달라 회사의 투자여력과 생산설비 등을 고려할 때 둘 중 한 가지만 선택해야 했습니다. 박 팀장은 CEO와 임원들 그리고 팀원들이 보는 앞에서 최종 발표를 시작하였습니다. 그런데 서론도 들어가기 전에 CEO가 말을 끊었습니다.

CEO : 그래서 결론이 뭔데?

박팀장 : 네… 그러니까… 기능성 음료와 간편 조리식 중…

CEO : 됐고! 차기 아이템은 주류로 갑시다. 앞으로 맥주시장이 더 커질 것 같은데, 기존 맥주와 차별화된 것 좀 개발해 봐요.

신사업팀원들은 모두 맥이 빠졌습니다. 준비한 것을 채 발표하기도 전에 결정이 바뀌어 버렸기 때문입니다. '그럼 우린 3개월 동안 뭘 한 거지?'라는 볼멘소리도 나왔습니다.

1년 후, A사는 시장에 맥주를 제대로 출시하지도 못하고 그 사업을 접었습니다. 신사업팀 구성원 중 절반은 퇴사를 했고, 남은 절반도 뿔뿔이 다른 팀으로 흩어졌습니다. 팀원들은 가끔 만나 이렇게 푸념을 늘어놓았습니다. "그때 기능성 음료나 간편 조리식으로 갔으면 어떻게 되있을까?" "글쎄, 모르지… 그런데 지금보다는 기분 좋게 일했을 것 같아."

만약 최종발표에서 신사업팀이 준비한 아이템 중 하나를 골랐다면 어떻게 되었을까요? 잘 되었을 수도, 더 참패를 했을 수도 있습니다. 그러나 적어도 구성원들과 경영진 간의 신뢰가 깨지지는 않았을 것입니다.

리더는 'Power'를 가지고 있습니다. 또한 가장 많은 경험과 정보를 보유한 사람도 리더입니다. 따라서 결정에 있어서 리더의 영향력은 매우 큽니다. 그러나 실행은 다릅니다. 대체로 리더가 아닌 구성원들이 결정 사항을 실행하는 주체가 됩니다. 리더가 어떤 결정을 하든 구성원들이 거기에 참여하고, 그에 대한 책임감을 갖는다면 실행의 완성도는 높아질 것입니다.

리더들에게 전략적 사고와 결정은 필수 불가결한 관계입니다. 좋은 결정은 조직의 가치를 창출하는 결정이어야 합니다. 그리고 구성원들로 하여금 '결정 과정이 합리적이었다.'고 느끼게 해야 합니다. 리더의 결정이 합리적이고 투명하다고 느낄 때, 비로소 실행에 대한 구성원들의 의지와 동기가 높아집니다.

(3) 리더는 결정이 좋은 결과로 매듭지어 질 때까지 돌봐야 한다.

드럭만^{Druckman}과 비요크^{Bjork}의 1991년 연구 결과[5], 조직 변화전략의 60% 이상은 실행에 옮겨지기 전에 포기된다고 합니다. 이는 탁월한 전략을 수립하는 것보다 그것을 실행하고 성과를 내는 것이 훨씬 더 어렵다는 것을 보여줍니다. 『바보들은 매일 회의만 한다』[6]에서는 '결국 어떻게 해결할 것인가를 정하라'고 강조합니다. 즉 회의를 했으면 결정을 하고, 결정을 했으면 실행을 하라는 것입니다.

지비츠 인바^{Zivit Inbar} 박사는 행동변화공식을 다음과 같이 설명하고 있습니다.

이 공식을 바탕으로 실행력을 높일 수 있는 방안을 찾을 수 있어야 합니다.

첫째, 리더는 좋은 결정을 이끌어 낼 뿐만 아니라 실행을 위한 역할까지 배정해야 합니다. 예를 들어, 쌓인 현안들을 심도 깊게 논의하고 구성원간의 관계를 개선할 방법을 찾다가 결국 워크숍을 가기로 결정했다면 누가 이 일을 맡을지도 결정해야 합니다. 한 걸음 나아가, 구체적으

---

5 Druckman, D. and Bjork, R.A.(1991), 'In the Mind's Eye: Enhancing Human Performance'
6 니시무라가츠미, 『바보들은 매일 회의만 한다』(예문사, 2006)

로 누가 언제까지 어떤 산출물을 만들지까지 결정하는 것이 좋습니다. 가령, 다음주 미팅 때 홍길동 대리가 워크숍 계획안(초안)을 가져오기로 결정한다면 워크숍의 실행력은 더 높아질 것입니다.

둘째, 리더는 구성원들에게 동기를 부여해야 합니다. '왜 저 일을 꼭 내가 해야 하지?'라고 생각하는 구성원이 일을 추진한다면 마지못해 그 일을 하기는 하겠지만, 원하는 시기에 좋은 결과물을 기대하기는 어려울 것입니다. 리더는 구성원에게 해당 업무를 수행함으로써 얻게 될 보상을 제시하거나, 그 일의 궁극적 목적이나 추구하는 가치를 제시함으로써 구성원 스스로가 그 일을 수행하고 싶은 마음이 들도록 동기 부여할 수도 있습니다. 경영학 이론에서는 보통 전자를 거래적 리더십, 후자를 변혁적 리더십이라고 부릅니다. 리더십을 발휘할 때는 리더 본래의 성향도 반영이 되겠지만, 구성원의 수준이나 조직의 상황을 고려하여 리더십 스타일을 결정하는 것이 좋습니다.

셋째, 동기가 부여됐다고 해도 구체적인 방법을 모른다면 실행할 수 없습니다. 따라서 실행력을 높이기 위해서는 참여하는 구성원들을 훈련하고 툴을 제시해야 합니다. 세계적으로 M&A는 급격한 증가세를 보이고 있습니다. 우리나라도 IMF 이후 산업, 지역간의 벽을 넘어 이제는 온라인과 오프라인의 융합Click & Mortar까지 가세하고 있는 실정입니다. 그런데 이와 같은 많은 합병에도 불구하고 실제로 성과를 내지 못하는 기업도 비일비재하며 심지어는 합병 자체가 무산되기도 합니다. 이렇게 M&A가 실패로 끝나는 주된 원인을 전문가들은 인수한 기업들의

PMI^Post- Merger Integration에 대한 간과라고 지적합니다. 그런데 PMI가 잘 이뤄지지 않는 원인을 다시 살펴보면, 인수한 기업의 PMI 경험 부족 때문인 경우가 많습니다. 반대로 참여하는 구성원들이 PMI 기술을 직접 혹은 간접적으로 습득하고 있다면 M&A의 성공률은 그만큼 높아질 것입니다.

리더가 모든 결정사항을 혼자 실행할 수는 없습니다. 따라서 리더는 구성원들이 결정사항에 대해 인식하게 하고, 필요한 기술이나 리소스를 제공해 주어야 합니다. 이러한 과정이 선형적이고 일회적으로 끝나서는 안 됩니다. 리더는 결정이 좋은 결과로 이어질 수 있도록 지속적으로 점검하고 지원하며 기다릴 줄 알아야 합니다. 한 송이 국화꽃에도 애정과 기다림이 필요하듯, 결정 역시 리더의 돌봄과 인내가 필요합니다.

리더의 의사결정 원칙

정리한 내용을 이해하기 쉽게 여러분이 익숙하신 5W1H로 재구성하면 다음과 같습니다.

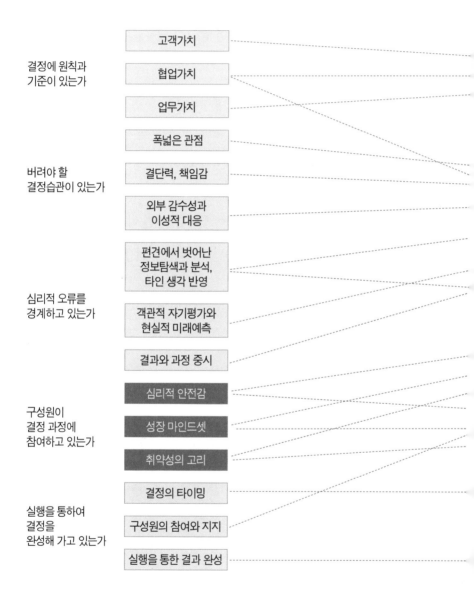

결정에 원칙과
기준이 있는가

고객가치

협업가치

업무가치

폭넓은 관점

버려야 할
결정습관이 있는가

결단력, 책임감

외부 감수성과
이성적 대응

편견에서 벗어난
정보탐색과 분석,
타인 생각 반영

심리적 오류를
경계하고 있는가

객관적 자기평가와
현실적 미래예측

결과와 과정 중시

심리적 안전감

구성원이
결정 과정에
참여하고 있는가

성장 마인드셋

취약성의 고리

결정의 타이밍

실행을 통하여
결정을
완성해 가고 있는가

구성원의 참여와 지지

실행을 통한 결과 완성

5W 1H

Why	고객가치, 협업가치, 업무 가치를 높이기 위하여
Who	역량을 갖춘 리더가
How	함께하는 동료와 더불어
Where	과정에 참여할 수 있는 조직 문화를 만들고,
When	효과적이고 효율적인 시점에
What	'**결정**'하고 '**실행**'함으로써 결과를 완성해 가는 것

더 나은 결정을 위한 5가지 질문

리더의 자기 결정 Check List

앞에서 정리한 것처럼 자신의 평가와 타인의 평가는 서로 차이가 나는 경우가 많습니다. 먼저 여러분의 현재 리더나 과거에 함께 했던 리더에 대한 평가를 내려 보시기 바랍니다.

평가 항목
☐ 리더는 고객의 가치를 높이는 원칙과 기준으로 결정하는가?
☐ 리더는 협업을 만들어 내는 원칙과 기준으로 결정하는가?
☐ 리더는 업무가치를 높일 수 있는 원칙과 기준으로 결정하는가?
☐ 리더는 본인의 과거 지식과 경험에만 의존하지 않고, 새로운 관점으로 확장하며 결정하는가?
☐ 리더는 결정의 순간에 결단력이 있는가?
☐ 리더는 결정의 결과에 대해 책임을 지는가?
☐ 리더는 여러 자료와 정보를 인식하고 분석하는 등 외부의 자극을 잘 받아들이는 감수성이 있는가?
☐ 리더는 결정의 과정에 감정적으로 반응하지 않고 이성적인가?
☐ 리더는 자신의 신념, 기대, 생각에 반하는 정보도 무시하거나 축소시키지 않고 충분히 검토하는가?
☐ 리더는 자신이 생각하고 행동하는 방식을 다른 사람도 동의할 것이라는 '허위합의효과'를 배제하면서 결정하는가?
☐ 리더는 자신의 역량에 대해서 과대평가하지 않도록 객관적인 시각으로 평가하는가?
☐ 리더는 비현실적인 낙관주의를 경계하며 미래를 객관적으로 평가하는가?
☐ 리더는 평소 자기관리와 컨디션 조절을 잘하고 있는가?
☐ 우리 조직은 경험을 통해 배우고 성장하는 문화를 가지고 있는가?
☐ 리더는 의사결정의 가치를 평가할 때, 결과와 과정을 모두 중요하게 고려하는가?
☐ 우리 조직은 각자 있는 그대로의 모습을 편하게 보여주고, 자유롭게 의사 소통하는 문화를 가지고 있는가?
☐ 우리 조직은 경험을 통해 배우고 성장하는 문화를 가지고 있는가?
☐ 우리 조직은 자신이 부족하다는 점을 솔직히 공유하며, 도움을 요청하는 것이 가능한 문화인가?
☐ 리더는 효과적이고 효율적인 결정의 타이밍을 놓치지 않는가?
☐ 리더는 결정에 대하여 구성원의 참여와 지지를 이끌어 내는가?
☐ 리더는 결정이 좋은 결과로 완성될 때까지 돌보는가?

좋은 리더를 만나는 건, 여러가지로 축복인 것 같습니다. 이제 방향을 바꿔보면, 여러분 자신은 어떠신지요?

평가 대상 (나의 리더)	
주된 결정 상황	
리더의 결정	

평가				
☐ 전혀 그렇지 않다	☐ 별로 그렇지 않다	☐ 보통이다	☐ 그렇다	☐ 매우 그렇다
☐ 전혀 그렇지 않다	☐ 별로 그렇지 않다	☐ 보통이다	☐ 그렇다	☐ 매우 그렇다
☐ 전혀 그렇지 않다	☐ 별로 그렇지 않다	☐ 보통이다	☐ 그렇다	☐ 매우 그렇다
☐ 전혀 그렇지 않다	☐ 별로 그렇지 않다	☐ 보통이다	☐ 그렇다	☐ 매우 그렇다
☐ 전혀 그렇지 않다	☐ 별로 그렇지 않다	☐ 보통이다	☐ 그렇다	☐ 매우 그렇다
☐ 전혀 그렇지 않다	☐ 별로 그렇지 않다	☐ 보통이다	☐ 그렇다	☐ 매우 그렇다
☐ 전혀 그렇지 않다	☐ 별로 그렇지 않다	☐ 보통이다	☐ 그렇다	☐ 매우 그렇다
☐ 전혀 그렇지 않다	☐ 별로 그렇지 않다	☐ 보통이다	☐ 그렇다	☐ 매우 그렇다
☐ 전혀 그렇지 않다	☐ 별로 그렇지 않다	☐ 보통이다	☐ 그렇다	☐ 매우 그렇다
☐ 전혀 그렇지 않다	☐ 별로 그렇지 않다	☐ 보통이다	☐ 그렇다	☐ 매우 그렇다
☐ 전혀 그렇지 않다	☐ 별로 그렇지 않다	☐ 보통이다	☐ 그렇다	☐ 매우 그렇다
☐ 전혀 그렇지 않다	☐ 별로 그렇지 않다	☐ 보통이다	☐ 그렇다	☐ 매우 그렇다
☐ 전혀 그렇지 않다	☐ 별로 그렇지 않다	☐ 보통이다	☐ 그렇다	☐ 매우 그렇다
☐ 전혀 그렇지 않다	☐ 별로 그렇지 않다	☐ 보통이다	☐ 그렇다	☐ 매우 그렇다
☐ 전혀 그렇지 않다	☐ 별로 그렇지 않다	☐ 보통이다	☐ 그렇다	☐ 매우 그렇다
☐ 전혀 그렇지 않다	☐ 별로 그렇지 않다	☐ 보통이다	☐ 그렇다	☐ 매우 그렇다
☐ 전혀 그렇지 않다	☐ 별로 그렇지 않다	☐ 보통이다	☐ 그렇다	☐ 매우 그렇다
☐ 전혀 그렇지 않다	☐ 별로 그렇지 않다	☐ 보통이다	☐ 그렇다	☐ 매우 그렇다
☐ 전혀 그렇지 않다	☐ 별로 그렇지 않다	☐ 보통이다	☐ 그렇다	☐ 매우 그렇다
☐ 전혀 그렇지 않다	☐ 별로 그렇지 않다	☐ 보통이다	☐ 그렇다	☐ 매우 그렇다
☐ 전혀 그렇지 않다	☐ 별로 그렇지 않다	☐ 보통이다	☐ 그렇다	☐ 매우 그렇다

더 나은 결정을 위한 5가지 질문

3
PART

나인팀이 제안하는
NICE 결정 프로세스

우리는 매 순간 결정을 합니다. 의식적인 인지를 못할 뿐, 우리의 뇌는 계속 결정 프로세스를 가동하고 있습니다. 운전 중에도 마찬가지입니다. 주행 중 신호등이 노란 불로 바뀌면 교차로와의 거리를 계산하여 멈출지, 아니면 그냥 통과할지를 판단하고 결정합니다. 차량 정체로 인해 길이 막히는 도로에서는 조금 더 복잡한 분석과 결정을 하게 됩니다. 기존 경로에 비해 흐름이 좀 더 원활한 차선으로 변경하거나 완전히 다른 경로를 선택할 수 있습니다. 예를 들어 앞쪽에 진출로가 있어 흐름이 원활해지거나 진입로가 있어 정체가 심해지는 것을 미리 인지하고 결정하는 것입니다. 하지만 반드시 이런 결정을 하는 것은 아닙니다. 어떤 순간에는 현장의 교통상황에 대응하지 않고 기존의 데이터나 경험대로 움직이기도 합니다. 평소와는 다른 결정을 하는 것이 좋을 것 같다는 생각을 하면서도 차선 변경이 쉽지만은 않습니다.

이처럼 의사결정 상황에서 우리는 사전 경험이나 다양한 외부 변수들의 영향을 받게 됩니다. 이런 성향을 이해하고, 더 좋은 결정을 위해서는 먼저 기본적인 의사결정 프로세스를 알고 점검해 볼 필요가 있습니다. 마케팅의 한 분야인 소비자의사결정 프로세스를 보면, 고객은 '문제 인식 - 정보탐색 - 대안의 평가 - 구매 - 구매 후 행동'의 순으로 의사결정을 한다고 합니다. 일반행정학 분야에서 의사결정론을 정립한 사이먼 H.A.Simon은 의사결정 프로세스를 '정보활동 - 계획활동 - 선택활동 - 재검토활동'으로 정리한 바 있고, 교육행정학의 그리프스 D.E. Griffiths는 '문제의 인식, 확인 및 한정 - 문제의 분석과 평가 - 판단의 기준설정 - 자료의 수집 - 우선권이 있는 대안선정 - 대안의 실행' 순서로 정리했습니다. 모두 좋은 시사점을 가진 전문가들의 견해입니다. 이번 파트3에서는 이와 같은 전문가들의 다양한 견해를 바탕으로 실무 현장에서의 경험을 공유하고 논의하면서 도출해 낸 의사결정 프로세스 'NICE'를 소개드리고자 합니다. NICE 프로세스는 다양한 프로세스 중에서 현장 상황에 바로 점검하고 적용할 수 있는 실용적인 측면에 중점을 둔 프로세스입니다.

1. Notice (인식하기)

2. Investigate (검토하기)

3. Choose (선택하기)

4. Execute (실행하기)

의사결정 NICE Process

합리적이면서 체계적인 결정을 만들기 위하여, 첫 번째로 의사결정의 필요성을 인식하고 이에 기반하여 관련된 정보를 수집하는 단계가 필요합니다. 이후에는 수집된 정보를 분석하고 이해당사자(고객)의 니즈를 확인한 뒤, 다양한 옵션을 도출하고 기준에 맞추어 이를 검토하는 단계를 거칩니다. 최적안을 선택한 뒤에는 내부적인 합의나 결재 등의 과정을 거쳐 공유하고 객관화합니다. 이후 결정된 안을 실행하면서 모니터링을 통해 이슈를 발견하고 수정 및 보완해 나가는 것이 기본적인 의사결정 프로세스입니다.

결정 프로세스 중 특히 인식하기와 검토하기는 직선적인 프로세스가 아니라 현명한 선택을 위한 순환적인 프로세스입니다. 따라서 모든 단계를 순서대로 진행하는 것은 아니며, 의사결정 과정 중에 전 단계로 돌아가서 추가적인 정보를 수집하거나 근본적인 질문을 다시 해야 하는 경우도 많습니다. 현실 리더들이 결정 상황에서 적용하고 활용할 수 있도록 사례와 함께 간단한 설명을 통해 각 단계를 정리해 보겠습니다.

CHAPTER 1

1단계:
Notice(인식하기)

1-1 문제 인식: 결정해야 하는 상황임을 인식한다.

1869년 독일의 생리학자 프리드리히 골츠^{Friedrich Leopold Goltz}는 가열하는 물속의 개구리 반응에 대한 실험을 진행하였습니다. 평화롭던 개구리는 물 온도가 25℃에 이르자 가열 중인 물속에서 뛰쳐나왔습니다. 1882년 윌리엄 세지위크^{William Thompson Sedgwick} 역시 비슷한 실험을 했는데, 이번에는 개구리가 물속에서 그대로 죽은 채 발견됐습니다. 같은

Notice · Investigate · Choose · Execute

· 문제인식 · 정보분석 · 옵션도출 · 계획수립
· 정보수집 · 니즈확인 · 기준확정 · 실행점검
· 결정공유 · 시스템화

의사결정 NICE Process

실험을 했는데 서로 다른 결과가 나온 원인을 살펴보니, 물을 데우는 속도가 달랐던 것입니다. 골츠는 1분당 3.8℃씩 높였던 반면, 세지위크는 0.2℃씩 서서히 높였던 것입니다.

비즈니스 환경에서도 똑같은 상황 변화를 진지하게 받아들이는 사람이 있는가 하면, 대수롭지 않게 생각하는 사람도 있습니다. 전자는 대책회의 등을 통해 변화에 대응하지만, 후자는 어제와 동일하게 오늘을 살아갑니다.

가령, A회사의 매출이 전월과 동일하다면 특별한 대응을 할 필요가 없을 수도 있습니다. 그런데 계절적 특수 덕분에 경쟁회사는 200% 이상 매출이 증가했다면, 전월과 동일한 매출을 보인 A사는 이를 '문제'라고 인식해야 해결책 검토를 시작할 수 있는 것입니다. 결국 어떠한 문제에 '반응'하기 위해서는 먼저 문제를 '인식'해야 합니다.

1995년 검색서비스를 시작한 알타비스타Altavista는 2000년대 초 검색 기술 관련 특허를 58개나 보유하고 있었고, 야후Yahoo, 라이코스Lycos와 함께 3대 검색엔진으로 각광받았습니다. 그런데 어느 날, 두 젊은이가 알타비스타에 찾아와 본인들이 개발한 검색엔진을 소개하면서 이를 100만 달러에 인수할 것을 제안하였습니다. 이들의 검색엔진은 새로운 방식이었으며, 충분히 경쟁력이 있는 기술이었습니다. 그러나 알타비스타는 새로운 검색엔진이 없어도 독점적 지위를 유지할 수 있다고 판단해 그들의 제안을 거절합니다. 이후, 알타비스타에 찾아왔던 그 두 젊은이는 자신들이 개발한 검색엔진을 바탕으로 승승장구하여 '구글Google'

을 세계적인 IT 기업으로 성장시킵니다 반면 알타비스타는 헐값에 야

후에 인수됐고, 결국 18년 만에 역사 속으로 사라졌습니다. 알타비스타

의 경영진들이 새로운 검색엔진이 가진 잠재력(파괴력)을 인식했다면

어떻게 됐을까요? 적어도 서서히 데워지는 물속의 개구리처럼 되지는

않았을 것입니다.

그것을 문제라고 인식하는 것이 해결의 출발점입니다.

Field Story

2020년, 코로나19가 우리의 삶을 바꿔 놓았습니다. 초반까지만 해도 사람들은 코로나가 곧 종식될 거라는 기대와 함께 당분간 지출을 줄이고, 잠시 쉬어가는 시간이라 생각하며 그간 미뤄두었던 여러 가지 일들을 했습니다. 국가에서 지원하는 대출 제도 등 여러 가지 지원사항을 찾아보기도 했습니다. 그러나 코로나19는 예상하던 기존의 패턴에서 조금씩 벗어나기 시작했습니다. 여름이 되어도 사그라들기는커녕, 세계적으로 전염병이 대유행(팬데믹 Pandemic 상태)하고 백신 개발 또한 지연되면서 이전의 수준으로 회복되려면 몇 년은 걸릴 것이라는 전망도 나오고 있습니다.

코로나19는 강사들에게 큰 어려움을 주었습니다. 예상처럼 기업교육 강사 중 상당수는 예년 대비 10% ~ 20% 수준으로 수입이 급감하였습니다. 그런데 똑같은 환경이었지만 모든 결과가 같지는 않았습니다. 20여 명의 직원이 일하는 콘텐츠회사를 운영하던 K는 이런 상황에 발 빠르게 대처했습니다. 국내외 변화의 흐름을 읽고, 미래의 방향을 설정한 K는 자신만의 4가지 새로운 원칙을 수립하고 이에 맞추어서 조직의 원칙과 비즈니스 모델을 새롭게 정비했습니다. 코로나 19 초기에는 직원들을 내보내지 않으려 대출을 알아보기도 했던 K. 그러나 몇 달 뒤, 새로운 비즈니스 모델은 더 큰 성과를 창출했고, K의 회사는 오히려 매달 신입직원을 뽑아야 하는 기업으로 거듭날 수 있었습니다.

1-2. 정보 수집: 결정 이슈와 관련된 정보를 수집한다.

어떤 상황 변화에 곧바로 의사결정을 내리기란 어려운 일입니다. 혹여 그렇게 된다면 이는 잘못된 판단으로 이어지기 쉽습니다. 의사결정에 앞서 명확한 상황 파악이 필요하며 이를 위해서는 보다 폭넓은 정보 수집이 선행되어야 합니다.

아래의 사례를 통해 의사결정 프로세스 가운데 정보 수집에 대한 설명을 이어가겠습니다.

A사가 실시한 직원 만족도 조사에서 다른 영역에 비해 '복지'에 관련된 점수가 매우 낮게 나왔습니다. 원인을 조사한 결과, 구내식당 설치에 대한 요구가 많았습니다. 그동안 직원들은 점심때마다 밖에 나가 비싼 돈을 내고 밥을 사 먹었고, 맛집으로 소문난 식당을 이용하려면 오래 기다려야 했다고 합니다. 이로 인해 점심 종료시간을 넘겨 사무실에 복귀하게 되는 경우도 종종 있었다고 합니다. 직원들은 저렴한 가격에 양질의 식사를 원했고, 식사 후 개인 시간을 갖고 싶어 했습니

다. 작년 말, 이사회는 노조의 요구를 반영하여 구내식당을 짓기로 최종 결정하였습니다.

A사는 직원만족도 조사를 통해 '타 영역에 비해 복지 영역의 점수가 낮다'는 문제를 확인할 수 있었습니다. 그런데 원인을 파악했다고 해서 문제가 다 해결됐다고 말할 수는 없습니다. 문제의 원인을 발견한 것은 해결의 실마리를 찾은 것일 뿐입니다.

A사 직원들은 식당을 설치하기로 한 회사의 결정을 반겼습니다. 그런데 얼마 지나지 않아 식당의 위치를 두고 본사 직원과 공장 직원 사이에 미묘한 신경전이 발생하였습니다. 참고로, A사는 그림과 같이 본사에 100명, 공장에 200명이 있었고, 두 건물 간 거리는 300m였습니다.

좋은 의사결정을 내리기 위해서는 위 사례와 같이 각 건물의 인원수나 건물 간 거리와 같은 정량적 정보뿐만 아니라 본사 직원의 니즈나 공장 직원의 잠재적 불만처럼 정성적인 정보들도 파악해야 합니다. 또한 현재 상황만이 아닌, 향후 발생할 수도 있는 잠재적 위험요소도 함께 고려해야 합니다. 그러나 정보 수집의 방법은 매우 다양합니다. 문제의 유형에 따라 정보 수집 방법을 선택해서 활용할 수 있어야 합니다. 이때 점검해야 할 사항을 알아보겠습니다.

정보 수집 단계에서 점검해 볼 사항

1. 가장 이상적인 수집 방법은 모든 방법을 통해 모든 사항을 조사하는 전수조사에 해당하는 것입니다만, 제한된 시간과 자원을 가진 리더는 정보수집의 단계에서부터 현명한 선택과 집중을 할 수 있어야 합니다.

2. 정보 수집을 위해서는 문헌조사법, 관찰법, 설문조사법, 인터뷰, FGI^{Focused Group Interview}, 마케팅에서 추천하는 고객의 목소리^{VOC: Voice Of Customer} 수집 등의 방법을 활용할 수 있습니다. 각각의 장단점이 있으므로 한 가지 방법만 추진하는 것보다는 복수의 방법을 활용하여 관련된 정보를 검증해 나가는 작업이 필요합니다.

3. 기업의 리더로서 정보를 수집할 때는 조사방법론 등의 통계학과 소비자행동이론과 같은 마케팅의 기본적인 내용을 바탕으로 진행해야 합니다. 이 분야에 대한 지속적인 학습도 중요하지만, 현실적으로 관련 분야에 대하여 자문을 구할 수 있는 전문가 네트워킹이 잘 되어 있으면, 보다 효율적이면서도 균형잡힌 정보 수집이 가능합니다.

4. 정보 수집 단계에서 가장 많이 받는 피드백 중 하나는 "경쟁사는 어떻게 하고 있어?"라는 상사의 질문이라고 합니다. 이때도 역시 다양한 네트워크의 유무는 정보 수집 역량에 있어서 실질적인 영향을 미치게 됩니다. 최근 빠르게 발전하고 있는 스타트업의 CEO 중에는 경쟁사의 대응 방향을 참고하는 것에 대하여 부정적인 평가를 하는 분들도 있습니다만, 방향 설정 전인 정보 수집 단계에서는 '얼

마나 다양한 정보를 수집할 수 있는가가 시행착오를 최소화할 수 있는 자원이 될 수 있습니다.

Field Story

T사는 경쟁사에게 시장 우위를 뺏긴 후, 신제품을 준비하면서 재기를 노렸습니다. 고객의 니즈를 파악하지 못한 것이 패인이라 판단한 T사는 신제품을 준비하면서 2년간 다양한 고객 의견을 수집했습니다. 가령 페이스북이나 인스타를 이용하기도 하고 온라인 설문이나 거리 인터뷰 등 다양한 채널과 방법을 활용하여 자료를 수집했습니다. 그리고 이러한 데이터를 제품개발부서와 함께 분석하면서 그 속에 숨어 있는 니즈까지 파악하려고 노력했습니다. 데이터양이 많아 자료분석과 결과 보고서 작성까지 꼬박 3달이 걸렸습니다. 회사의 명운이 걸린 문제라 CEO를 포함한 임원들도 이번 조사 결과에 관심이 많아 프로젝트 담당자들은 보고서의 완성도에 더욱 신경을 썼습니다. 보고회도 여러 번 진행했고, 거기서 나온 의견까지 수렴하다 보니 최종 의사결정까지 한 달이 더 걸렸습니다.

그러나 야심차게 내놓은 T사의 새로운 제품은 다시 한 번 경쟁사에 밀리고 말았습니다. T사가 과거의 실패를 거울삼아 '정확한 고객 니즈 파악'에 매달리는 동안, 제품개발이 그만큼 늦어졌던 것입니다. 더욱이 여러 의견을 다 반영하다 보니 제품의 색깔이 모호해지고, 그 어떤 고객층도 공략하지 못했던 것입니다.

NICE Tip of NINE Team

정보 수집은 목적이나 목표가 아닙니다. 목적과 목표를 달성하기 위한 수단에 해당합니다. 비즈니스 환경에서는 완벽하고 정확한 정보 수집보다 적시의 정보 수집과 빠른 실행이 더 강력히 필요할 때가 있습니다.

2단계:
Investigate (검토하기)

2-1. 정보 분석: 수집된 정보를 분석하고 방향을 설정한다.

A사는 식당을 설치하기로 결정했지만, 본사 직원과 공장 직원 간의
갈등이라는 새로운 문제에 직면하게 됩니다. A사가 식당 문제로 어려움
을 겪게 된 이유가 무엇일까요? 여러 가지 요인이 있겠지만 우선 수집된
정보를 분석하기 전 성급한 결정을 내린 것이 가장 큰 이유입니다. 다시
말해 좋은 의사결정을 위해서는 정보 수집과 더불어 면밀한 정보 분석

의사결정 NICE Process

이 필요합니다.

수집된 정보에는 '사실Fact'과 '거짓False', 그리고 '의견Opinion'이 섞여 있습니다. 여기서 '사실'은 실제로 있었던 일이나 현재 상태를 의미합니다. 본사와 공장 직원이 각각 100명과 200명인 것, 본사와 공장 거리가 300m인 것은 누가 봐도 객관적인 '사실'입니다. 또한 작년에 직원 복지 차원에서 식당을 짓기로 결정한 것도 역시 '사실'입니다. 그러나 노조가 '식당을 공장에 지어야 한다'고 말하는 것은 '의견'일 뿐입니다. 엄밀히 말해, 노-사가 사내에 식당을 짓자고만 했지, 그곳을 공장이라고 못박지는 않았던 것입니다. 이처럼 정보 분석 시에는 객관적 사실과 주관적 의견을 제대로 구분할 수 있어야 합니다.

객관적 사실로 분류된 정보를 그대로 활용할 수도 있지만, 이를 가공하거나 분석할 필요도 있습니다. 다음 표는 직원들의 총 거리를 분석한 결과입니다. 총 이동거리만을 기준으로 한다면 본사나 중간지점(150m

식당위치	이동거리 계산(왕복)	총 이동거리
본사	공장직원: 200명 X 300m X 2 = 120,000m	120,000m
본사에서 100m 위치	본사직원: 100명 X 100m X 2 = 20,000m 공장직원: 200명 X 200m X 2 = 80,000m	100,000m
중간 150m 위치	본사직원: 100명 X 150m X 2 = 30,000m 공장직원: 200명 X 150m X 2 = 60,000m	90,000m
본사에서 200m 위치	본사직원: 100명 X 200m X 2 = 40,000m 공장직원: 200명 X 100m X 2 = 40,000m	80,000m
공장	본사직원: 100명 X 300m X 2 = 60,000m	60,000m

위치)보다는 공장에 위치하는 것이 더 합리적이라고 할 수 있습니다. 물론 지형 등의 복잡한 요소들을 추가하여 더욱 정교하게 분석할 필요가 있으며, 본사직원들이 형평성이라는 또 다른 이슈를 제기할 수도 있습니다.

정보 분석 단계에서 점검해 볼 사항

1. 좋은 결정을 내리기 위한 정보 분석에서 주의할 점은 확증편향에 빠지지 않도록 노력해야 한다는 점입니다. 같은 정보를 볼 때에도 자신의 업무 성향에 따라 다른 분석을 하기도 합니다. 예를 들어 직원들 교육에 사용하는 금액을 지출로 보느냐 아니면 투자로 보느냐에 따라서 설득논리와 대응 전략은 전혀 달라질 수 있습니다. 그러므로 정보 분석을 할 때에는 자신이나 관련 이해당사자들이 정보를 보는 시각에 대해 객관적으로 점검해 볼 필요가 있습니다.

2. 제한된 정보를 분석하기 위해서는 가설 접근의 사고가 필요합니다. 전형적인 문제 해결식 접근법은 정보를 수집하고 분석한 다음 판단을 내립니다. 그러나 가설 접근법은 가설에 따라 빠르게 판단을 내린 후, 그 결과를 통해 정보를 수집하고 분석하는 방식입니다. 실제 비즈니스는 매우 복잡하고 빠르게 변화하기 때문에 적절한 가설을 세울 수만 있다면, 가설 접근법이 전형적인 문제 해결식 접근법에 비해 보다 효과적이고 효율적인 방향 설정 방법이 될 것입니다.

3. 정보분석에 많이 활용되는 학문이 의사결정분석론입니다. 이 학문은 행동과학이론, 경영과학이론 및 통계학적 방법론을 기초하여 발전하고 있습니다. 리더의 모든 결정이 분석적으로 이루어지는 것은 아닙니다만, 다양한 분석 방법을 지속적으로 학습하는 것은 정보를 보는 시각을 객관화시키는 데 도움을 드릴 것입니다.

Field Story

종로에서 10년째 안경점을 운영하는 A씨는 한 컨설턴트의 제안대로 2주간 매장을 찾는 고객들의 정보를 수집하기로 했습니다. 하루에 10여 명씩 2주간 약 150개의 Data가 수집되었습니다. 그리고 예상하지 못한 결과를 찾아냈습니다.

NO	특징	어디서(거주지 혹은 사무실)	어떻게 알고 왔나?
1	40대 남성, 양복차림		출퇴근 길에 지나가면서 계속 알고 있었음
2	- - -	- - -	- - -
3			
4			

A씨의 안경점은 종로에 있는데, 의정부에 거주하는 고객이 눈에 띄게 나타난 것입니다. 이를 이상하게 여긴 A씨는 추가 정보 수집과 분석을 진행합니다. 알아보니, 약 3, 4개월 전에 의정부에 버스 종점이 생겼고, 버스 한 대가 종로를 경유하고 있었다고 합니다. 마침 의정부 버스 종점 인근에 안경점이 부족한 상황이었고, 그에 따라 고객의 니즈(Needs)가 존재했던 것입니다. 이후 A씨는 의정부 종점에서 그 버스를 직접 타보기로 합니다. 종점에서 17개의 정거장을 지나자 A씨의 안경점이 보였습니다. A씨에게 묘안이 떠올랐습니다. 버스 종점 인근 4곳의 식당과 협의해 곳곳에 작은 플래카드를 붙였습니다. 플래카드의 문구는 다음과 같았습니다.
"의정부 고객 여러분, 이 버스를 타고 17 정거장 오시면 종로 OO안경점이 있습니다. 다음 달까지는 특별 사은품을 드립니다!"
이후 A씨의 안경점은 눈에 띌 정도로 의정부 고객이 늘어났습니다.

2-2. 니즈 확인: 이해관계자의 입장과 니즈를 확인한다.

수집된 정보 가운데 주관적 의견이나 주장 역시 분석이 가능합니다. 그런데 주장을 분석할 때는 그 내용도 중요하지만, 그것이 누구의 의견인지를 파악해야 합니다. 즉 이해관계자 별로 구분해서 주장을 분석해야 합니다.

다음은 A사 식당 건설과 관련된 다양한 이해관계자와 그들의 니즈입니다.

- CEO(최종 의사결정자) 외부손님이 자주 와서 미팅을 하기 때문에 그들에게 멋진 카페테리아를 보여주고 근사한 식사 대접을 하고 싶음. 그래서 가급적 집무실과 가까운 본사에 식당 설치를 원함.

- CFO(필요한 자금을 집행하는 실세) 직원들 모두의 만족도 중요하지만, 당장 자금경색이 발생할 경우 직접적인 책임은 본인이 져야 하기 때문에 식당은 1개만 짓기를 원함.

- 공장 직원(노조를 중심으로 똘똘 뭉친 근로자 위주) 주요 시설은 본사 건물에 주로 있기 때문에 이번 식당만큼은 공장에 건설되길 원함. 무엇보다 노사 합의사항이므로 공

장에 건설하는 것은 당연하다고 생각함. 본인들의 의견이 관철되지 않을 경우, 집단 행동을 할 가능성도 있음.

- 본사 직원(늘 회사 방침에 순종적인 사무직 위주) 그동안 회사의 중요 결정은 노조가 있는 공장을 우선으로 이루어졌다고 본사 직원들은 생각함. (참고로 본사 사무직은 노조 가입이 현실적으로 어려움.) 이번만큼은 본사에 식당이 건설되길 바람.

니즈 확인 단계에서 점검해 볼 사항

1. 니즈 확인 단계에서 가장 먼저 해야 할 일은 이해관계자의 범위를 명확히 하는 것입니다. 문제와 관련된 이해관계자를 너무 넓게 보는 경우에는 모든 사람을 만족시키는 해법을 찾기가 어렵고, 너무 좁게 보는 경우에는 예상하지 못했던 저항을 받게 되기도 합니다. 물론 영리조직의 리더는 다수의 이해관계자 중에서 대응할 우선순위를 선택해야 하는 경우도 있습니다. 이 경우에도 우선순위에서 밀려난 이해당사자에 대한 배려도 꼭 염두에 두어야 합니다.

2. 입장Position은 이해관계자들이 결정 이슈에 대해 외부에 표출하는 의견입니다. 의견도 중요하지만, 더 중요한 것은 그 입장을 표명하는 속마음입니다. 우리는 이 속마음을 이해Interest, 니즈Needs 등으로 표현하고 있습니다. 이러한 속마음을 알아내기 위해서는 이해당사자와의 지속적인 커뮤니케이션 채널이 존재하는지? 확증편향이나 허위 합의 효과에 빠지지는 않는지 등을 점검해 봐야 합니다.

여름휴가지를 고르는 문제를 놓고 부부는 서로 다른 의견을 가지고 있습니다.

아내의 선택지는 다낭, 파리, 뉴욕이었고, 남편의 선택지는 도쿄, 상하이, 괌입니다. 서로 자기가 추천한 장소로 가야 한다고 한참 옥신각신하다가 그들은 각자의 속마음이 다르다는 것을 알게 되었습니다.

아내는 가성비를 중요하게 생각해서 여행 만족도를 총비용으로 나눈 값이 가장 높은 곳을 위주로 고른 반면, 남편은 휴가가 짧아서 이동 시간이 짧은 곳을 선호했던 것입니다.

처음부터 각자의 속마음을 공유하고 합의했다면, 부부는 이 문제에 많은 에너지를 쏟지 않았을 것입니다. 이처럼 이해관계자간에 의견 차이가 있을 때는 먼저 각자의 속마음을 이야기하고, 어떤 것이 더 합리적인지 합의를 할 필요가 있습니다. 그러면 불필요한 에너지 소모가 줄고, 보다 빠른 결정이 가능해질 것입니다.

3단계:
Choose (선택하기)

3-1. 옵션 도출: 결정 사항에 대하여 다양한 선택지를 도출한다.

수집된 데이터를 분석하고 이해관계자들의 니즈를 파악하면, 이에 기반하여 다양한 선택지^{Option}를 도출할 수 있습니다. 그런데 흔히 선택지를 양자택일, 즉 'A 아니면 B' 형태로 준비할 때가 많습니다. 그러나 생각을 확장하면 다양한 옵션 도출이 가능합니다. 가령 앞선 A사의 식당 위

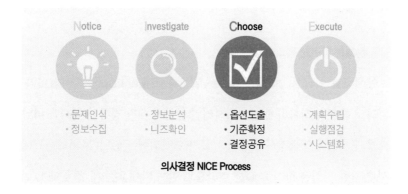

Notice	Investigate	Choose	Execute
• 문제인식 • 정보수집	• 정보분석 • 니즈확인	• 옵션도출 • 기준확정 • 결정공유	• 계획수립 • 실행점검 • 시스템화

의사결정 NICE Process

치 선정 문제를 두고 보면, '본사'나 '공장'이 아닌 양측의 입장을 반영한 '두 곳 모두'도 선택지가 될 수 있고, 때로는 '둘 다 아닌 것'이 옵션이 될 수도 있습니다

- 1안) 본사에 외부손님이 많으므로 본사에 설치
- 2안) 식수 인원이 절대적으로 많은 공장에 설치
- 3안) 본사와 공장의 중간 지점에 식당 설치
- 4안) 본사와 공장 2곳에 식당 설치
- 5안) 식당을 설치하지 않고 양쪽 모두 외부 전문 케이터링 업체의 서비스를 받으며 본사 및 공장의 기존 휴게공간 활용

이와 같이 옵션을 도출하는 과정에서는 창의적인 접근이 요구됩니다. 창의성은 타고 나는 부분도 있지만, 어느 정도는 학습을 통한 노력으로 보완이 가능합니다. 창의적인 생각이 잘 나지 않는 경우에 점검할 포인트는 다음과 같습니다.

1. 문제는 바르게 정의되었는가?

앞에서도 언급한 것처럼, 문제는 현상과 목표의 Gap을 의미합니다. 따라서 문제를 정확하게 정의내리려면 현상에 대한 정확한 인식을 바탕으로 구체적이고 측정이 가능한 목표가 명시되어야 합니다. 비즈니스에서 정확한 인식은 항상 Data를 기반으로 할 수밖에 없는데, 잘못된 Data

를 분석하면 문제의 해법이 명료하게 도출되기 어렵습니다.

2. 다른 분야의 노하우는 점검해 봤는가?

하나의 전공을 평생 공부한 사람들의 장점도 있습니다만, 최근 사회 및 기술적 변화는 다학문적Multidisciplinary 접근을 요구한다는 것을 염두에 둘 필요가 있습니다. 따라서 완전히 창의적인 해법만을 추구하기 전에 다양한 분야의 노하우를 학습하고 상황에 맞는 해법을 접목해 볼 필요가 있습니다. 당장 학습이 어렵다면 나와는 다른 분야의 전문가와 편한 대화 기회를 가져 볼 것을 추천드립니다.

3. 확증편향은 없는가?

선입견은 우리의 창의적인 접근을 가로막습니다. 앞에서 언급된 확증편향이 이에 해당합니다. 특히 창의적인 해법이 생각나지 않는다면 먼저 결정권자는 자신이 선입견에 빠져 있지 않은지 냉철하게 돌아볼 필요가 있습니다.

4. 모순의 상황에서 적당히 절충 혹은 타협하려 하지 않는가?

모순矛盾은 어떤 사실의 앞뒤, 또는 두 사실이 이치상 어긋나서 서로 맞지 않음을 이르는 말입니다. 의사결정의 상황에서 이와 같이 병존이 어렵다고 생각하는 경우에 많은 결정권자는 근본적인 문제를 해결하기보다는 적정한 수준에서 절충하거나 타협하는 선택을 많이 합니다. 절충안은 빠른 결론을 유도할 수 있지만 최선의 선택을 만들어 내기는 어렵습니다.

Field Story

개발부서 A팀장과 설계부서 B 팀장의 갈등은 몇 년 전부터 회사 내에 유명한 사건을 많이 만들어 냈습니다. 각자의 업무 목표와 내부 이슈 때문이겠지만, 지난 번 업무회의에서 책임소재를 논의하다가 고성이 오가면서 회의가 중단되는 상황까지 벌어졌습니다. 이에 두 사람의 관계가 더 이상 방치할 상황이 아니라는 의견이 많았습니다.

두 팀장의 갈등을 중재하던 임원 C는 근본적인 해법을 고민하다가 초강수를 두었습니다. A팀장과 B팀장의 보직을 상호 변경했던 것입니다. 개발부서의 팀장이던 A를 설계부서의 팀장으로, 설계부서의 팀장인 B를 개발부서의 팀장으로 인사 발령한 것입니다.

한동안 이슈가 되었던 이 인사명령은 몇 달 뒤에 상당히 재미있는 결과를 가져왔습니다. 서로의 입장이 달라진 데다가, 상대 부서의 속마음을 잘 알고 있어 이전과는 다른 옵션을 이야기하기 시작한 것입니다. 또한 이전에 자신이 주장한 내용이 있기에 자존심 강한 두 사람은 자신의 말을 바꾸기보단 이전에 논의되지 않았던 건설적인 해결 방안을 제시하는 데에 에너지를 집중했습니다.

NICE Tip of NINE Team

주장하고 논의하는 선택지Option는 대부분 이해관계자의 Needs에서 시작합니다. 이에 대한 상호 공유와 이해가 가능하다면, 소모적인 논쟁에 에너지를 최소화할 수 있습니다. 더불어 보다 근본적인 문제 해결에 초점을 맞출 수 있게 돼 상호 Win - Win이 가능한 해결책을 창의적으로 만들어 낼 수 있습니다.

3-2. 기준 확정: 결정에 대한 객관적인 기준을 확정한다.

다양한 선택지Option를 검토했다고 하더라도 결정에 대한 객관적인 기준이 확정되어야만 합리적인 선택이 가능해집니다. 다음은 식당과 관련한 A사의 상황입니다.

- 식당을 건설하기로 결정할 당시 초기 안은 대외 방문객이 많은 본사에 식당을 만드는 것이었습니다. 그러자 공장 직원들이 거세게 반발했습니다.

- 회사가 전 직원 투표로 결정하기로 발표하자, 이번에는 상대적으로 인원이 적은 본사에서 불만이 터져 나왔습니다.

- 소규모 식당을 본사에 그리고 조금 더 큰 규모의 식당을 공장에 총 2개의 식당을 건설하기로 수정 발표하자, 뜻하지 않게 CFO가 자금 유동성 이슈로 브레이크를 걸었습니다.

- 그러지 말고 공평하게 중간쯤에 식당을 짓자고 하자, 식당 건설은 이미 작년 말에 노사가 합의한 사항인데 왜 이를 이행하지 않느냐고 하면서 노조는 공장 내 식당 건설의 당위성을 내세웁니다.

- 어떤 안도 반발이 거세서 몇 번 논의만 하다가 몇 달 동안 아직도 결론을 맺지 못했습니다.

- 그러는 와중에 식당에 대한 직원들의 불만은 점점 쌓여만 갔고 심지어 속 시원하게 결정을 못 하는 경영층에 대한 불신으로 확대되었습니다.

여기서 A사가 놓친 것은 무엇일까요? 선택지는 다양하게 도출하였으나 합의된 기준 없이 결정이 이뤄졌습니다. 위 사례와 같이 합의된 기준

없이 성급하게 결정을 내릴 경우, 오히려 내부 갈등이 증폭되거나 아예 결정이 실행되지 못하고 무산될 수도 있습니다. 또한 어떠한 형태로든 결정이 되었다 하더라도 그것이 시행되기란 매우 어렵습니다. 따라서 최종 결정에 앞서 '선택의 기준'을 마련해야 합니다.

서로의 선택 기준을 확인했다고 하더라도 합의하는 것은 또 다른 과제입니다. 위 A사의 사례와 같이 중요하게 생각하는 기준이 저마다 다를 수 있습니다.

- 대외적 이미지나 손님들의 편의를 높일 수 있는 곳
- 다수의 직원들이 선호하는 곳 (투표를 통해 선택된 곳)
- 전체 직원들의 이동거리가 가장 짧은 곳
- 건설 비용이 가장 적게 드는 곳 등

중요하게 생각하는 기준이 다를 경우 협의를 통해 '합의'에 도달하는 것이 가장 좋습니다. 가령 선택 기준이 '전체 직원들의 총 이동거리'로 귀결이 될 경우, '2단계 표'와 같이 계산한 결과에 따라 결정을 하면 됩니다. 그러나 어떤 기준을 정하느냐에 따라 결과가 달라질 수 있기 때문에 이해관계가 얽혀 있는 현실에서는 '선택 기준을 선택'하는 것 자체가 쉽지 않습니다. 예를 들어, 국회의원 선거 때 선거구를 소선거구제로 할 것이냐, 대선거구제로 할 것이냐에 따라 각 정당의 의석수가 달라질 수 있기 때문에 기준을 정하는 것 자체가 또 다른 도전이자 과제일 수 있습니다.

선택 기준이 합의되지 않을 때 활용할 수 있는 방법

1. 선택기준이 2개로 좁혀진 경우: 주로 2x2 Matrix를 활용합니다. 아래 그림과 같이 1사분면에 속하는 선택지가 있다면 그것이 최적의 선택이 될 것입니다. 그런데 2사분면과 4사분면에 있는 선택지 중 고민하는 경우가 더 많습니다. 다른 조건이 동일하다면 가급적 꼭 짓점 A에 가까운 선택지를 고르는 것이 합리적입니다.

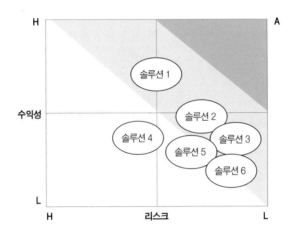

2. 상대적 우열을 가리기 어려운 선택기준이 3개 이상인 경우: 아래 그림과 같이 가치평가표를 통해 선택지의 유불리를 평가할 수 있습니다.

솔루션	가치평가요소					계	순위
	중요도	긴급도	효과성	비용	실현가능성		
A안	4	3	3	2	4	16	3순위
B안	3	4	6	3	4	20	2순위
C안	3	4	1	4	3	15	4순위
D안	4	5	3	5	4	21	1순위
E안	4	3	3	4	1	15	4순위

3. 중요도가 다른 선택기준이 3개 이상인 경우: 아래 그림과 같이 기준별로 가중치를 반영한 상대적 가치평가표를 통해 선택지를 정하는 방법도 있습니다.

기준	가중치	제품 1	제품 2	제품 3
가격이 저렴하다	10	×10=100	×9=90	×8=80
A/S 만족도가 높다	10	×9=90	×10=100	×6=60
고성능 기능이 많다	4	×6=24	×10=40	×8=32
브랜드 인지도가 높다	9	×9=81	×10=90	×7=63
디자인이 예쁘다	8	×10=80	×9=72	×9=72
앱과 연동이 된다	8	×8=64	×10=80	×9=72
합계		439	472	379
순위		2	1	3

여기서, 어느 기준에 얼마의 가중치를 부여하느냐에 따라 결과가 달라질 수 있기 때문에 가중치 부여 자체가 결정의 또 다른 포인트가 될 수 있습니다.

대부분 회사나 조직마다 가치체계(비전/미션/핵심가치)를 가지고 있습니다. 가치체계가 살아 있는 조직과 그렇지 않은 조직은 결정의 과정에서 그 차이가 여실히 드러납니다. 가령 제1의 가치가 '상생'이라면 결정에 참여하는 이해관계자들이 함께 win-win 할 수 있거나 적어도 모두가 손해를 덜 보는 방안을 선택하게 될 것입니다. 반면 외부 고객지향이 중요한 가치라면 내부 구성원들이 조금 불편하더라도 외부 고객의 편의를 최대한 높일 수 있는 선택지를 고르게 될 것입니다. 다시 말해, 명확한 가치체계를 정립하고 있는 조직은 그 자체만으로 결정의 중요한 잣대를 손에 쥔 것과도 같다는 뜻입니다.

어떠한 방법으로든 선택의 기준이 정해지면 앞서 도출한 선택지를 그 기준에 맞춰 평가한 후 가장 높은 가치를 창출할 수 있는 안을 최종 선정하면 됩니다. 선택 기준을 정하는 것이 어렵지, 그것을 정하기만 하면 선택지를 고르는 것은 어렵지 않습니다. 위와 같은 절차를 통해 이뤄지는 결정을 '정량적 결정'이라고 부릅니다.

앞서 설명한 절차대로 비교적 '매끄럽게' 결정이 이뤄지는 경우도 있지만, 선택기준에 따라 결정이 이뤄지지 않은 경우를 자주 볼 수 있습니다. 특히 결정권을 가진 리더가 "그렇게 생각할 수 있겠지만, 내 생각에는 말이야…" 하면서 구성원들이 몇 주 혹은 몇 달 동안 고생해서 도출한 결과를 뒤집기도 합니다. 리더가 단순히 변심했거나, 선택기준에 동의하지 않아서 그럴 수도 있습니다. 그러나 리더가 다른 구성원들이 발견하지 못한 '잠재가치' 혹은 '미래가치'까지 고려한 결과일 수도 있습니다. 이러한 결정을 '전략적 결정'이라고 부릅니다.

사내 복리후생 규정에 '자녀 출산 시, 30만원 축하금 지급' 항목이 있습니다. 그런데 얼마 전, 사내커플이 쌍둥이를 낳았습니다. 이 사내커플은 자녀 1인당 30만원씩, 부부 둘에게 적용하여 총 120만원의 축하금을 기대했습니다. 그런데 재무팀에서는 1인당 적용한다는 조항이 없으니 30만원만 지급해도 되지 않겠냐는 입장이었습니다. 이 소식은 삽시간에 사내 게시판을 타고 전 직원들의 입에 오르내리는 이슈가 되었고, 심지어 비공식 투표까지 진행해서 마치 파벌처럼 30만원, 60만원, 120만원 그룹으로 나뉘게 되었습니다. 인사팀에서는 빨리 이 문제를 매듭지어야 했습니다. 해당 규정을 직원에게 유리하게 적용할 것이냐, 회사 비용을 아끼는 쪽으로 적용할 것이냐, 이를 절충할 것이냐의 문제였습니다. 결론을 말씀드리면, 회사는 직원 측 입장을 반영하여 120만원을 지급하였습니다. 다음은 인사팀에서 게시판에 공지한 내용의 일부입니다.

"본 이슈에 대해 여러 임직원들의 의견을 들었습니다. 각자 의견 모두 합리적인 이유가 있었습니다. 그런데 이렇게 결정을 하게 된 것은, 본 규정이 출산을 축하할 뿐 아니라, 출산을 장려하기 위해 만들어졌다는 데에 있습니다. 따라서 본래의 취지와 같이 충분한 축하의 마음을 담아 드리기로 하였습니다. 앞으로도 회사는 출산 축하금 지급에 있어 같은 기준을 적용할 것입니다. 다만, 규정이 구체적이지 않아 논쟁이 된 점을 고려하여 다른 규정들을 정비해 나갈 예정입니다."

기준이 명확하지 않은 경우, 외부의 대표적인 조직 또는 선례 등을 찾아서 객관화시키는 노력이 필요합니다. 본 사례는 규정의 목적에 대한 보다 폭넓은 해석을 통하여 직원 다수의 공감을 유도한 사례입니다.

3-3. 결정 공유: 결정사항을 공유하고 공감대를 형성한다.

정량적 결정의 경우, 합리적 기준에 의해 이뤄진 결정이기 때문에 실행에 있어서 상대적으로 저항이 적습니다. 이 경우 리더는 결정사항을 구성원들에게 신속하게 공유한 후 실행계획에 따라 진행하게 하면 됩니다. 그러나 전략적 결정의 경우는 조금 다릅니다. 다시 A사의 사례를 살펴보겠습니다.

'식당 건립 TFT'는 다양한 이해관계자들의 의견을 반영하여 '구성원 이동 및 건립비용 최소화'가 가능한 곳을 찾아 식당 위치를 선정하기로 하였습니다. 여러 차례 시뮬레이션을 거쳐 본사에서 공장 방향으로 200m 간 곳이 최적이라고 대표이사에게 보고하였습니다.

그런데 대표이사는 TFT의 결정을 뒤집고 공장 뒤 공터에 식당을 지으라고 지시하였습니다. 공장 직원들은 큰 불만이 없었으나, 본사 직원들은 대부분 그 결정에 불만을 갖게 되었습니다. 특히 TFT 멤버들은 허탈해 하면서 "이럴 거면 왜 그 일을 시켰냐"며 노골적으로 대표이사를 비난하기도 하였습니다.

상황이 점점 악화되자 대표이사는 직원 간담회를 통해 몇 년 후 공장 뒤쪽에 지하철역이 들어설 예정이며, 그곳에 직원들뿐만 아니라 외부인들도 이용할 수 있는 복합 쇼핑몰을 지을 계획이라고 하였습니다. 물론 회사 구성원에게는 쇼핑몰 내에 있는 식당들을 자유롭게 이용할 수 있는 쿠폰을 제공할 것이며, 이용에 불편이 예상되는 본사 직원들에게는 당분간 도시락을 제공할 계획이라고 설명하였습니다.

그제서야 많은 직원들은 결정 번복의 이유를 조금씩 이해하게 되었습니다. 그러나 여전히 많은 직원들이 결정 과정에 불만을 품고 있었고, 대표이사가 간담회를 갖기 전에 TFT 멤버를 포함한 일부 직원들은 이미 퇴사를 한 상황이었습니다.

전략적 결정의 경우 결정 내용에 대한 공유 못지않게 결정을 내리게 된 근거나 취지를 구성원에게 이해시키는 과정이 중요합니다. 만약 실행의 주체가 되는 구성원의 공감을 이끌어 내지 못한다면 결정은 실행 단계로 넘어가지 못하고 사문화死文化될 수 있습니다. 과거에는 '까라면 까'라는 식으로 명령과 복종을 강조했으나, 다양성이 중요시되는 요즘은 구성원들의 엄청난 저항이나 반감을 불러일으킬 수 있습니다. 민감한 사안일 경우 구성원들은 단체행동을 하기도 합니다. 따라서 최종 의사결정을 하는 리더가 사전에 중요하게 생각하는 선택 기준이나 보유한 주요 정보를 의사결정과정에 제공함으로써 가급적 '전략적 결정'을 최소화해야 합니다. 부득이 전략적 의사결정이 이뤄졌다면 투명하게 그 이유를 설명하고 납득시키는 것이 좋습니다. 만약 그 이유를 공개하기 어렵다면 적어도 양해를 구하는 용기라도 있어야 합니다.

전통 제조 산업인 A사 생산팀에 새로 부임한 K 팀장은 현 생산 조직의 인력 구조 변화를 검토하고 있었습니다. 이전 팀장들도 적극 추진한 숙원사업이었지만 생산직 대표와의 합의가 매번 무산되어 실행되지 못했습니다. 더욱이 전임 팀장은 정치적 상황에 휘말려 보직 해임되었고 관리직과 생산직 간의 갈등의 골은 깊어졌습니다. 고민을 끝낸 K 팀장은 기존 생산직 리더의 50%를 교체하는 조직 개편을 단행했고 6개월 후 이 조직은 안정을 되찾았습니다. 리더의 어떤 결정이 새로운 변화를 완성시켰을까? 다음은 K팀장과의 인터뷰 내용입니다.

Q : 생산직 리더의 50%를 교체했다. 타협하고 싶었던 순간도 많았을 텐데 대대적 개편을 결정한 이유는 무엇인가?

A : 이 조직에서 오랫동안 근무를 했기 때문에 실제 합의되지 않는 사안/문제가 무엇인지 잘 알고 있었습니다. 조직 개편을 시행하고 지금까지 결정의 연속이었는데, 결국엔 회사의 방침을 기준으로 정면돌파를 택한 것이 주효했습니다. 원칙을 지키는 게 어렵고 느리다고 생각할 수 있지만 결국 가장 빠르고 정확한 솔루션이라고 판단했습니다. 기준이 흔들리지 않으니까 구성원들이 공감해주고 시간이 지나면서 스스로 움직이기 시작했습니다.

리더의 흔들리지 않는 원칙은 동료로 하여금 신뢰가 쌓이게 만듭니다. 신뢰는 어느 순간 갑자기 생기지 않습니다. 우리는 일관성과 전문성, 그리고 편안함을 가진 사람을 신뢰하게 됩니다. 나는 믿을 만한 사람인가? 리더가 가장 먼저 대답해야 할 질문입니다.

4단계:
Execute(실행하기)

4-1. 계획 수립: 실행 계획을 구체적으로 수립한다

앞서 3단계(선택하기-Choose)에서는 What에 초점을 맞췄다면 4단계 (실행하기-Execute)에서는 How에 중점을 두어야 합니다. 특히 실행계획 에 있어서는 '누가 언제까지 할 것이냐'가 반드시 명기되어야 합니다. 혼 자 실행하기 어려운 과제가 있다면 책임자와 지원자를 구분할 필요가 있습니다.

의사결정 NICE Process

실행계획을 수립할 때 정확한 역할별 구분을 위한 RASIC 모델을 소개합니다.

- **책임자**^{Responsible} 최종적으로 작업을 완수할 책임이 있는 사람을 뜻합니다.
- **승인자**^{Approval} 작업이 완료되면 이를 승인하거나 거부할 사람을 뜻합니다.
- **지원자**^{Supporter} 책임자의 업무를 적극적으로 도울 사람을 뜻합니다.
- **공지대상**^{Informed} 작업의 진행 상황과 결정사항을 모두 알고 있어야만 하는 사람을 뜻합니다.
- **컨설턴트**^{Consultant} 작업에 대한 조언이나 안내를 제공하는 사람으로 주제별 전문가 역할을 하는 사람을 뜻합니다.

다음은 RASIC을 만드는 단계입니다.

1. 가장 왼쪽 열에 활동 또는 작업을 나열하는 간단한 매트릭스 테이블을 만듭니다. 개인 또는 그룹의 이름은 맨 위 행에 나열됩니다. (다음 그림 참조)
2. 각 개인 또는 그룹 이름 아래에 RASIC 역할에 해당하는 문자를 배치하여 역할을 지정합니다.
3. 각 작업에 책임자로 지정된 사람이 있는지 확인합니다. 혼동을 최소화하고 책임감을 높이기 위해 매트릭스 테이블은 한 사람이 보관하는 것이 가장 좋습니다.
4. 필요에 따라 다른 역할을 할당합니다.

Task	제임스	린다	크리스	수	테리	치로	노아	스티브	토니
분석	R	S	I	I	I	A	S	I	C
설계	A	S	R	I	I	C	S	I	C
개발	S	S	R	I	I	C	S	R	C
수행	S	S	I	R	A	C	S	I	C
평가	S	S	I	R	I	C	S	A	C

2000년대 초 짐 콜린스^{James C. Collins}의 『Good to Great』, 스티븐 코비 Stephen Richards Covey의 『성공하는 사람의 7가지 습관』 등의 영향으로 기업들은 앞다퉈 '가치관 경영'을 선포하였습니다. 그런데 그 속에 담긴 핵심 가치가 실제 업무 현장에서 잘 작동되는지는 다시 살펴볼 일입니다. 혹자는 '기업들의 핵심가치가 제대로 지켜졌다면 우리는 이미 유토피아에서 살고 있었을 것이다'라고 꼬집기도 했습니다. 결국 우리가 유토피아에서 살고 있지 못하는 주된 이유는 '그 아름답고 숭고한 가치를 어떻게 현실에서 작동시킬 것인가'에 대한 구체적인 계획과 실행노력이 부족하기 때문일 것입니다.

야기 안테나^{Yagi-Antena}는 초단파에 대하여 뛰어난 지향성을 가진 안테나입니다. 이는 1926년 일본의 물리학자 야기 히데츠쿠가 발명한 것으로, 구조가 간단하고 송수신 성능이 뛰어나 획기적인 발명 중 하나로 손꼽힙니다. 그런데 이를 군사용 레이더 기술로 발전시킨 것은 미국과 영국이었습니다. 영국이 군사력 열세에도 불구하고 월등하게 강한 독일군을 적재적소에 방어할 수 있었던 것도, 미국이 태평양에서 더 많은 항공모함을 가진 일본군을 침몰시킬 수 있었던 것도 바로 레이더라는 비밀

병기가 있었기 때문입니다.

이는 실행의 중요성을 보여주는 단적인 예라 할 수 있습니다. 결국 '누가 잘 결정했느냐'보다 '누가 잘 실행했느냐'가 성과에 더 큰 영향을 미친다는 뜻입니다.

Field Story

총무팀 A부장은 한 달 전부터 준비한 야외 산행 워크샵을 위해, 워크샵 당일 아침 9시까지 OO산에 직원 200여 명을 모이게 했습니다. 그런데 새벽부터 비가 내리기 시작하더니 9시가 돼서도 등산이 불가능한 정도는 아니었지만 계속해서 비가 내렸습니다. 사장님의 간단한 인사말씀과 함께 산행을 시작할 계획이었는데, 비 때문인지 사장님은 9시 30분이 넘도록 도착하지 않고 있습니다. 담당자인 A부장은 난감합니다. 직원들이 찾는 비옷은 미처 준비하지 못했고, 급하게 사러 간 김 대리도 연락이 없습니다.

NICE Tip of NINE Team

실행 계획을 세울 때는 심각한 상황을 야기할 수 있는 잠재적인 문제에 대한 고민도 병행돼야 합니다. 잠재적인 문제는 발생가능성과 심각성을 기준으로 평가할 수 있습니다. 그리고 가능성이 있는 상황에 대한 Trigger를 미리 이해당사자와 합의해 둔다면 의사결정이나 실행이 보다 용이해질 것입니다. 사안에서 CEO가 9시 20분까지 도착이 어려울 경우, 총무부장이 먼저 산행을 시작하겠다는 계획을 사장님과 미리 합의해 두었다면 어땠을까요? 물론 우천 상황에 대한 대비는 미리 해 두었어야 할 것입니다.

4-2. 실행 점검: 결정된 안을 실행하면서 모니터링을 통해 점검해 나간다.

계획을 세웠으면 그대로 실행하면 됩니다. 그런데 계획은 세우는 것보다 실천하는 것이 훨씬 더 어렵습니다. 실행이 잘 이뤄지지 않는 이유와 그에 대한 대응책을 다음 3가지로 살펴볼 수 있습니다.

첫째, 동기부여가 부족해서입니다. 실행계획의 목적이나 목표, 나아가 그 계획이 가져다 줄 이점에 대한 이해와 공유가 부족한 상황에서는 실행 의욕이 저하되거나 다른 저항에 직면할 수 있습니다. "이걸 왜 해야 하는 거야?"라는 질문에 대한 충분한 답변 없이 적극적인 참여를 기대할 수는 없습니다. 해결안 개발 단계에서 계획 수립 단계에 이르기까지 계획과 관련된 주요 이해관계자들에게 진척 상황을 커뮤니케이션하는 통로를 만들어 두고 이를 지속적으로 관리해야만 이러한 문제를 예방할 수 있습니다.

둘째, 방법을 잘 몰라서입니다. 전형적인 '고양이 목에 방울 달기'의 경우에 해당됩니다. 필요성을 느끼고 그렇게 해야 하지만, '누가 어떻게 할 것인가'에 대한 충분한 논의가 되지 않은 상태에서 실행에 옮겨지는 경우 이런 현상이 생길 수 있습니다. 이때 갈등이 발생하기도 합니다. 이때는 단순한 타협책보다 상호 협력을 바탕으로 win-win 할 수 있는 해결책을 강구할 필요가 있습니다. 가급적 과제를 세분화하여 단순화하되, 자체 해결이 어려운 과제는 사내외 전문가의 도움을 받는 것도 좋습니다.

셋째, 환경적인 문제 때문입니다. 조직문화나 추구하는 가치 등으로 인해 계획이 잘 실행되지 않는 경우를 말합니다. 대부분 구조적인 문제이므로 단시일에 해결하기 쉽지 않습니다. 따라서 이럴 경우에는 단시일에 승부를 걸기보다는 서서히 문화나 가치 등을 바꿔 나가려는 시도가 필요합니다.

결정안이 시행되는 동안 경영 환경은 계속 변하여 최선의 대안으로 생각되었던 것이 이미 그 효과를 잃어버린 경우도 있습니다. 변화가 심한 경영 환경에서는 결정을 신속하게 실행함과 더불어 언제든 목표나 방법을 변경할 준비도 되어 있어야 합니다. 비즈니스 세계에서 유일하게 변하지 않는 것은 '반드시 변화가 있다'는 사실뿐입니다.

점검 단계에서는

- 실시안이 결정된 목표 요건을 충족시켜 나가고 있는가?

- 실행 결과는 예상과 어느 정도 일치하는가?

- 예기치 않은 불리한 또는 유리한 환경 변화가 없는가?

등에 대한 감지와 즉각적인 피드백 시스템이 만들어져(built-in) 있어야 합니다. 궁극적으로 그 선택이 올바른 결정이었는가를 검토하여 실행을 강화할지 조정할지 판단해야 합니다.

4-3. 시스템화: 결정 및 실행 사항에 대한 성과를 분석하고 시스템화한다.

Cisco사의 존 챔버스 John Chambers 회장은 "실패는 할 수 있다. 그러나, 실패로부터 배우지 않는 사람에게 줄 자리는 없다"라고 말하면서, 실패 자체보다는 실패로부터 학습하지 않는 것을 경계했습니다. 의사결정에 있어서 누구나 실수할 수 있습니다. 리더는 실수를 인정할 수 있는 분위기를 조성하고, 실수를 통해 얻은 경험을 바탕으로 신속하게 개선해 갈 수 있는 토양을 만드는 것이 중요합니다.

조직에서 좋은 의사결정이란, 좋은 성과를 내는 것인 뿐만 아니라 지속적으로 재생산이 가능한 결정을 의미합니다. 리더의 좋은 의사결정은 주위 동료들에게 본보기가 됩니다. 또한 미래에도 영향을 줍니다. 가령 어떤 문제가 발생했을 때 거쳤던 일련의 과정과 의사결정, 실행 히스토리를 잘 정리해 놓으면 이는 후배들에게 좋은 예시와 가이드가 됩니다. 유사한 문제는 언제든지 재발할 수 있기 때문입니다.

이러한 결정의 비법을 백서나 매뉴얼 형태로 만들기도 하고, IT 시스템으로 구축하기도 합니다. 요즘에는 다양한 삶의 노하우를 동영상으로 촬영해 유튜브를 통해 제공하기도 합니다.

Field Story

B는 기존 직장이 문을 닫으면서, 45세의 나이에 한 호텔의 신입사원으로 취업을 하게 됩니다. 투숙객이 이용하고 난 객실을 정리하고 복도, 계단 등을 청소하는 것이 B의 주 업무였습니다. 얼핏 보면 쉽게 할 수 있는 단순한 작업인 것처럼 보이지만 B는 그렇게 생각하지 않았습니다.

어느 정도 일이 익숙해진 후, B는 자신의 청소 패턴을 동영상으로 촬영하고 분석하기 시작했습니다. 100여 개의 객실 정리 과정을 분석해서 45단계로 줄이고 이를 다시 네 가지의 큰 묶음으로 분류했습니다. 옷장, 침대, 테이블, 화장대, 욕실, 침대 등으로 순서를 정하고 정비 요령을 정리했습니다.

결과는 어땠을까요? 평균 30분이 걸리던 객실 정리 시간이 24분으로 단축되었습니다. "예전에는 하루 평균 13개의 객실을 정리했는데 새 프로세스를 적용하고 하루 정비 가능한 객실이 17개로 늘어났습니다. 이제는 시간이 남아 계단, 복도 등 호텔 구석구석을 청소하고 있습니다." 아울러 지침에 따라 일하다 보니, 객실 비품을 빠뜨리는 손님의 불편도 사라지게 되었습니다.[7]

7 박혜민, 「[사람 사람] 賞받은 켄싱턴호텔 김영애씨」, 중앙일보, 2004.02.12, 26면

NICE Tip of NINE Team

단순 업무라고 생각할 수 있는 일에서도 전문가와 아마추어는 차이가 납니다. 효율적인 측면과 효과적인 측면의 성과를 모두 가져오는 방법은 생각보다 가까운 곳에 있습니다. 실행이 종료되면 실행 프로세스를 리뷰하고 복기하는 작업을 해 보시기 바랍니다. 리뷰 과정에서 실행 프로세스를 시각화/객관화시키면 병목현상이나 차별화포인트를 찾아내는 노력이 소금 더 쉽게 성과 향상으로 이어질 수 있습니다.

리더의 자기 결정 Check List

결정의 프로세스에서 혹시 간과하고 있는 단계는 없는지 평가해 보시기 바랍니다.

No	평가 항목	평가
1	결정해야 하는 상황임을 인식하고 있는가?	
2	결정 이슈와 관련된 정보를 수집했는가?	
3	수집된 정보를 객관적으로 분석하고 방향을 설정했는가?	
4	이해관계자의 입장과 니즈를 확인했는가?	
5	결정 사항에 대하여 다양한 선택지를 도출했는가?	
6	결정에 대한 객관적인 기준을 확정했는가?	
7	결정 사항을 공유하고 공감대를 형성했는가?	
8	실행계획을 구체적으로 수립했는가?	
9	결정된 안을 실행하면서 모니터링을 통해 점검하였는가?	
10	결정 및 실행 사항에 대한 성과를 분석하고 시스템화하였는가?	

4

PART

리더들의 어려운
결정상황

"나의 결정이 최선의 결정인가? 더 나은 결정은 없는가?"

"내 결정이 누군가의 인생에 영향을 줄 수 있는데, 어떤 결정이 제대로 된 결정일까?"

리더라면 누구나 하루에도 몇 번씩 이런 질문을 하게 됩니다. 좋은 이론은 현장이 있을 때 작용하며, 동시에 현장의 의견은 이론을 발전시킵니다. 우리는 Part 1, 2, 3을 통해 좋은 결정에 필요한 요소가 무엇인지, 어떻게 하면 좋은 결정을 내릴 수 있는지 결정의 핵심요소와 프로세스를 살펴보았습니다. 이제 Part 4에서는 현실 리더들의 다양한 결정상황을 통해, 좀 더 좋은 결정을 내리기 위한 답을 함께 찾아보고자 합니다.

다음은 리더들이 맞닥뜨리는 어려운 결정상황 중 나인팀이 선정한 9가지 사례입니다.

[Notice 인식하기]

Case 1. 결정을 하지 않으려는 상사와 의사결정을 해야 할 때

Case 2. 결정이 필요한 사안인지 확인이 필요할 때

[Investigate 검토하기]

Case 3. 급박한 상황에서 제한된 정보로 결정해야 할 때

Case 4. 상사들간 의사결정 의견이 다를 때

Case 5. 이해당사자가 많은 현안을 해결해야 할 때

[Choose 선택하기]

Case 6. 이익이 상충하는 상황에서 다양한 선택지가 필요할 때

Case 7. 업무의 우선순위를 결정할 때

Case 8. 구성원의 인사이동에 개입하는 결정을 할 때

[Execute 실행하기]

Case 9. 결정된 사항을 번복해야 할 때

여기서부터는 각각의 상황에 대해 설명하고, 묻고 답하는 형식으로 기술하였습니다. 그러나 여기서의 답은 인사이트를 얻기 위해 하나의 대안을 제시한 것에 지나지 않습니다. 중요한 것은 내 상황과 맥락에 맞게 적용하는 것입니다. 각 질문에 대해 나라면 어떻게 결정할 것인가 생각해보면서 읽는 것도 좋겠습니다. 잊지 말아야 할 점은, 리더는 '좋은 결정'을 내리기 위해 노력해야 하며, 이를 돕는 원칙은 반드시 존재한다는 점입니다. 그럼 질문을 함께 살펴보겠습니다.

P3. NICE 의사 결정 프로세스	P2. 더 나은 결정을 위한 질문		원칙과 기준			리더의 습관		
			고객 가치	협업 가치	업무 가치	폭넓은 관점	결단력 책임감	외부 감수성 이성적 대응
N	Notice 인식하기	문제 인식	Case 1 Case 2 Case 3	Case 1 Case 2 Case 3	Case 1 Case 2 Case 3	Case 1 Case 2	Case 1	Case 1 Case 2
		정보 수집						
I	Investi- gate 검토하기	정보 분석	Case 3	Case 3 Case 4	Case 3	Case 5		
		니즈 확인						
C	Choose 선택하기	옵션 도출	Case 6 Case 8	Case 6 Case 7 Case 8	Case 6 Case 8	Case 7		Case 8
		기준 확정						
		결정 공유						
E	Execute 실행하기	계획 수립	Case 9	Case 9	Case 9			
		실행 점검						
		시스 템화						

본 표는 Part4에서 설명한 내용을 중심으로 체크한 표입니다.
그러나 현실 팀장의 결정 상황은 대개 의사결정의 원칙과 프로세스 전반에 따라 달라질 수 있으므로,
참고하면서 여러분의 생각을 정리해 보시기 바랍니다.

심리적 요인			참여할 수 있는 조직 문화			과정에 집중 / 결정완성		
편견에서 벗어난 정보탐색과 분석 타인 생각 반영	객관적 자기평가 현실적 미래예측	결과와 과정 중시	심리적 안전감	성장 마인드셋	취약성의 고리	결정의 타이밍	구성원의 참여와 지지	실행을 통한 결과완성
Case 2 Case 5	Case 1		Case 1 Case 4	Case 1	Case 2	Case 1	Case 1 Case 2	Case 1
Case 4 Case 5			Case 3 Case 4		Case 4	Case 1	Case 3 Case 4	
Case 3 Case 7	Case 7		Case 7		Case 8	Case 5	Case 7 Case 8	
Case 9	Case 9		Case 9	Case 9	Case 9			Case 9

결정을 하지 않으려는 상사와 의사결정을 해야 할 때

리더의 결정고민

"간단한 결정도 쉽게 하지 않는 상사 때문에 고민입니다. 임원이 결정을 미루다 보니 팀 업무 전체가 너무 비효율적이고, 구성원들의 사기도 점점 떨어지고 있습니다. 이런 상황에서 어떻게 결정과정을 만들어야 할까요?"

사례/에피소드

창립기념행사를 준비 중인 총무팀 김 팀장은 오늘도 마음이 조급하다. 직속 상사인 손 이사에게 여러 차례 의견도 묻고 보고도 했는데, 뭐 하나 결정이 되지 않아 진도를 못 내고 있다. 손 이사는 전형적으로 결정을 미루는 유형의 리더다. 매번 "추가로 더 검토해 봅시다"라고만 한다. 그렇다고 방향을 정해 주는 것도 아니다. 손 이사를 패스하고 바로 대표이사께 의사결정을 받을까 생각한 게 한두 번이 아니다.

이렇게 결정해보세요

의사결정권자가 되면 그에 따르는 책임 때문에 결정의 순간에서 주저하게 되는 경우가 많습니다. 또 시간이 지나가면 결정 이슈가 소멸되거나 변화될 수도 있다는 것을 경험해 왔기 때문에 리더는 아무것도 정하지 않고 기다리는 선택을 하기도 합니다. 이것은 일종의 결정 장애 현상으로, 이런 상사들의 경우 실패에 대한 두려움이 크거나 손실에 더 비중을 둡니다. 얻는 것의 가치보다 잃어버리는 것의 가치를 더 크게 평가하기 때문입니다. 즉, 회사의 기대이익보다 '손실회피' 때문에 다른 선택을 하거나 결정을 하지 못하는 것입니다.

이때는 앞서 소개한 NICE Process의 Notice(인식하기)단계로 다시 돌아가 현 상황을 새로운 문제로 인지하고 전략적 접근을 만들어 낼 필요가 있습니다. 또한 상사도 같은 문제 인식을 가질 수 있도록 알리고 노력해야 합니다.

첫 번째, 상사의 결정고민을 파악하고 두려움을 줄여줄 수 있도록 준비합니다.

결정이 필요한 이슈가 실무자에게는 검토하는 과정에서 학습이 되고 익숙한 내용일 수 있지만, 상사에게는 낯선 사안일 수 있습니다. 그렇기 때문에 상사의 입장에서도 갑작스럽지 않도록 해당 사안에 대해 검토한 후에 결정을 내릴 일종의 예열시간을 줘야 합니다. 즉, 사안에 대한 의견교환과 중간 보고가 필요한 것입니다. 이를 통해 상사가 우려하는 사항들을 미리 파악할 수 있으며, 최종 보고에서 우려를 극복할 수 있는 방안을 함께 준비한다면 결정에 대한 상사의 두려움을 줄여줄 수 있습니다.

두 번째, 선택지를 줄여서 의견을 제시해 봅니다.

결정 장애를 가진 상사의 경우 선택지를 자꾸 늘리고 펼쳐 보려는 경향이 있는데, 오히려 선택지를 최소화하고 다양한 이해관계자의 의견을 취합해 종합적인 내용으로 보고하는 것이 좋은 방법이 될 수 있습니다.

3개 이상의 여러 안을 만들기보다 최적의 안을 마련하고, 타사의 선진 사례 자료를 준비해 리더가 참고하여 결정하게 하는 것도 좋습니다. 이미 선행했던 사례들이 있다는 것은 그만큼 검증되었다는 것과 같기 때문에 상사의 부담을 줄일 수 있습니다.

세 번째, Risk 분석의 개념을 활용해 보세요.

일반적으로 리스크 분석에 필요한 개념으로는 발생 가능성Probability, 영향력Impact, 리스크 노출도Risk Exposure가 있으며, 리스크 노출도는 발생 가능성과 영향력을 동시에 검토하여 분석합니다. 이러한 Risk 분석의 개념을 일부 차용하여 보고 시 다음의 예시를 활용하면 상사의 결정을 끌어내는 데 도움을 받을 수 있습니다. 여기에 지금까지 보고했던 히스토리와 논의사항을 포함시킨다면, 상사에게 이제는 결정을 해야 한다는 은근한 압박을 줄 수 있을 것입니다.

Risk 검토 항목 활용 예시

구분	내 용	장점	단점	Risk 검토	
				미 실행 시 영향	기한
A안					
B안					

명확한 데드라인이 정해져 있지 않은 결정상황이거나, 앞서 소개했던 손실에 더 가치를 두는 상사일수록 의사결정을 미룰 확률이 높습니다. 예시의 표를 활용하여 실행 방안의 이익과 더불어 위험을 감수해야 한다는 손실 측면을 같이 강조한다면 상사의 결정을 움직이는 데 효과적일 것입니다.

마지막으로 검토안에 대한 보고자의 확신을 전달해야 합니다.

결정이 필요한 사안인지 확인이 필요할 때

리더의 결정고민

"조직의 방침을 따라 결정했는데, 구성원이 예상 밖의 요청을 하면 나도 사람인지라 감정적으로 대응하게 되고 힘이 듭니다."

사례/에피소드

코로나19 감염 예방을 위해 회사에서는 재택근무를 활성화하여 직원의 사무실 출근율을 50% 미만으로 유지하는 방침을 세웠다. 이에 A 팀장은 과연 업무 효율이 나올까 걱정도 했지만 직원들의 안전을 위해 팀원들 다수는 재택을 하고, 돌아가며 최소인력만 출근하기로 했다. 시행 첫 주, 아쉬운 부분도 있었지만 팀원들의 반응은 대체로 좋았고, 이동시간을 줄이니 오히려 업무효율에 도움이 된다는 설문 결과도 확인했다.

그러나 둘째 주에 A팀장은 B구성원으로부터 한 통의 메일을 받았다.

"팀장님, 전면 재택근무를 하니 여러 면에서 좋습니다. 신경 써 주셔서 감사드립니다. 그런데 한 가지 요청사항이 있어서 메일드립니다. 집에서 장기간 업무를 하다 보니 출력물도 많아져 A4 용지도 사야 하고, 더불어 전기료나 커피값 등 생각하지 않았던 비용이 추가로 발생합니다. 재택근무의 가장 큰 목적이 직원 건강과 안전을 위한 것이라지만 방역 차원의 회사 방침이기도 하기 때문에 재택근무에 필요한 비용을 회사에서 지급해줘야 한다고 생각합니다."

메일을 받고 A팀장은 당황스러웠다. 이번 재택근무 시행을 위해 경영진을 설득하느라 들인 노력을 생각하니 허탈한 마음까지 들었다. 일정 부분 B팀원 입장도 이해는 가지만, 재택근무에 필요한 A4 용지까지 지급하자고 경영진을 추가로 설득해야 할지 모르겠다.

이렇게 결정해보세요

첫 번째, 결정이 필요한 상황인지 먼저 파악합니다.

사안에 따라 의사결정이 필요할 때가 있고, 규정이나 지침에 따라 바로 실행해야 할 때도 있습니다. 그런데 경험이 많지 않은 리더들은 후자의 경우에 대해서도 의사결정 과정을 거치는 경우가 많습니다. 특히 사례에서처럼 코로나 팬데믹 속에서 발생하는 문제들은 현장 경험이 많은 리더라 할지라도 대부분 처음 접하는 사안들이기 때문에 어떻게 결정하고 처리해야 할지 막막한 경우가 많을 것입니다.

의사결정 프로세스 중 첫 번째 단계는 문제를 인식하는 것입니다. 즉 현재 발생한 이슈가 결정이 필요한 상황인지를 인식하고 판단해야 합니다. 만약 물 속의 개구리에게 '물의 온도가 분당 1도 이상씩 높아질 경우, 무조건 물 밖으로 탈출하라'는 지침이 있었다면 개구리는 지침을 따라 목숨을 구할 수 있었을 것입니다. 우리 주위에서는 시시각각 많은 이슈가 발생하는데, 이들 중 상당수는 이번에만 발생한 것이 아니라 과거에 누군가에게도 발생했던 일입니다. 그런 일들의 상당수는 재발방지나 효과적인 대처를 위해 매뉴얼이나 지침 혹은 규정이 마련돼 있을 것입니다. 따라서 의사결정 프로세스를 밟기 전에 선행돼야 할 것은 이와 유사한 사례나 관련 지침이 있는지 찾아보는 것입니다.

두 번째, 관련 규정이 이 상황에도 적용 가능한지 체크합니다.

코로나19 사태로 인해 출퇴근을 할 때나 여러 사람이 대면하여 근무하는 상황에 대해 불안해하는 구성원이 많아졌고 자연스럽게 재택근무에 대한 니즈와 관심이 증가했습니다. 기업에서도 정부의 방침을 따라 재택근무, 유연근무 등 선제적 대응책을 마련하여 시행 중이지만 이전부터 준비되어 온 대응 형태가 아니다 보니 여러 변수가 많이 나타나고 있습니다. 질병관리청과 고용노동부 등에서는 이러한 혼란을 최소화하기 위해 재택근무에 대한 상세한 지침들을 수립 및 배포하였습니다. 그런데 꼭 재택근무가 아니더라도 직원들의 업무와 관련된 비용은 사용자(고용주) 부담이 원칙입니다. 따라서 이 원칙을 적용하면 회사가 직원들에게 재택근무에 필요한 장비나 통신설비 및 그에 부가되는 비용 또한 회사가 제공해줘야 합니다. 또한 재택근무로 인해 전기나 통신료가 발생하게 되는데, 이때 업무사용분과 사적사용분을 명확히 구분하기 어렵다면 실비변상 목적으로 일정액을 지급하는 방법도 고려할 수 있습니다.

또한, 근무자들의 사무실 사용량이 줄어들었으므로, 재택근무 시 불편함이나 불이익이 발생하지 않도록 사무용품을 지급해야 합니다. 단, 재택근무가 일시적이거나 간헐적인 경우, 해당 물품이 필수적이라고 보이지 않는 경우에는 사용자의 판단에 따라 제공여부를 결정할 수 있습니다. 가령 A4 용지 사용이 필수적이지 않은 직무이거나, 출근 시에 인쇄물을 출력할 수 있는 경우라면 해당 물품을 반드시 지급할 필요는 없습니다.

이와 유사한 사례로, 재택근무자에게도 식비를 지급해야 하는지에 대한 이슈가 있었습니다. 재택근무하는 직원과 출근하는 직원 사이에 차별이 발생해서는 안 됩니다. 만약 구내식당에서 현물로만 식사를 제공했던 경우라면 재택근무자에게 식사비를 지급할 의무는 없습니다. 기존에 실제 지출여부와 무관하게 일률적으로 식비를 지급해 왔다면 이때는 동일하게 지급해야 합니다.

세 번째, 규정만으로 채울 수 없는 '공간'은 없는지 살핍니다.

그런데 재택근무 시 필요한 것은 이런 제도나 규정보다 상호신뢰를 기반으로 한 근무와 성과관리입니다. 재택근무자들이 뽑은 가장 어려운 점은 '동일한 생활 공간에서 일과 생활을 분리하는 것'이라고 합니다. 즉 업무와 휴식의 경계가 모호하기 때문에 집중도가 떨어질 수도 있다는 의미입니다. 따라서 재택근무 시 업무절차를 명확히 제시해야 합니다. 예를 들어, 정기적인 회의시간이나 온라인 툴을 이용해 과업추진현황을 공유하는 방법 등도 사전에 약속해야 합니다. 그러나 너무 엄격한 통제는 업무성과에 악영향을 끼치거나 과도한 사생활 침해로 이어질 수 있습니다. 따라서 최소한의 규정과 원칙은 제시를 하되, 자유롭게 각자 책임감을 가지고 업무에 임할 수 있도록 지원하고 지지해주는 것이 중요합니다.

재택근무가 활성화되는 이때도 업무상 어쩔 수 없이 출근을 해야 하는 직원들이 있습니다. 일찍 일어나 복잡한 출근길을 뚫고 출근한 직원들은 휑한 사무실에서 상대적으로 박탈감을 느낄 수 있습니다. 따라서 리더는 이러한 출근자들에게도 따뜻한 격려와 필요한 지원을 해주는 것이 좋습니다. 이러한 과정을 통해 신뢰가 쌓일 때 리더의 결정과 판단은 힘을 갖게 되고 구성원들로부터 지지를 얻게 됩니다.

급박한 상황에서 제한된 정보로 결정해야 할 때

리더의 결정고민

"나조차도 옳은 결정인지 확신할 수 없는 급박한 상황에서 신속히 결정을 내려야 할 때 무엇을 최우선으로 고려하고 결정을 해야 할까요?"

사례/에피소드

A기업의 인사팀 B팀장은 매 분기 대표이사를 모시고 타운홀 미팅을 진행해 왔다. 타운홀 미팅은 모든 직원들이 허심탄회하게 얘기하고 대표이사와 직접 소통할 수 있는 자리이기 때문에 사내에서 매우 중요한 행사로 자리매김하고 있었다. B팀장은 금번에도 일주일 후에 있을 타운홀 미팅의 세부 운영안을 보고하기 위해 대표이사를 찾아갔다. 그런데, 대표이사가 갑자기 타운홀 미팅을 최신 트렌드에 맞게 화상으로 진행하자고 지시했다. 기존에 해본 적 없는 화상 타운홀 미팅을 준비해야 하는 B팀장은 막막해졌다. 화상회의를 하기 위한 장비도 턱없이 부족하고,

각 지점과의 온라인 연결도 불안정해 보였다. 다시 대표이사를 찾아가 기존 방식대로 오프라인으로 진행하자고 얘기하는 게 맞는지 고민되는 상황이다.

이렇게 결정해보세요

이번 사례는 앞에서 소개된 NICE Process의 Investigate(검토하기)단계의 '니즈확인'과 Choose(선택하기)단계의 '옵션 도출' 상황에 해당합니다. 대표이사의 니즈와 B팀장의 입장이 다르기 때문에 결정이 고민되는 상황입니다. 또한, 타운홀 미팅의 진행 방식에 옵션 도출이 가능한 상황입니다.

업무를 하다 보면 이런 사례는 자주 발생합니다. 모든 게 갖춰진 상태에서 결정을 내리고 추진한다면 좋겠지만 그렇지 못한 경우가 더 많습니다. 시간, 돈, 정보 등 자원이 부족한 상황에서 최선의 선택을 해야 하기 때문에 리더 스스로도 옳은 결정인지 확신할 수 없음에도 불구하고 신속히 결정을 내려야 하는 부담을 갖게 됩니다. B팀장은 먼저 '타운홀 미팅을 화상으로 준비해야 한다는 불안함이 자신의 과거 경험에 의존해서 나타나는 상황은 아닌지?', '예상치 못한 목표에 대한 부정적인 압박감이 심리적 요인으로 작용한 상황은 아닌지?'를 생각해봐야 합니다. 그리고 다음 3가지 사항들을 확인해 볼 수 있습니다. 만약 여러분이 급박한 결정 상황을 접하게 되면 참고하여 진행해 보시기 바랍니다.

첫 번째, 유사한 사례를 확인합니다.

보통 회사 업무는 루틴하게 돌아가는 경우가 많습니다. 사회적 분위기와 시장 상황에 따라 다소 차이가 있을 수 있으나 매년 비슷한 시점에 유사한 일들이 진행되곤 합니다. 즉, 지금 리더가 고민하고 있는 그 상황과 유사한 일들이 과거 그 회사에서 또는 비슷한 업종의 다른 회사에서 발생했을 가능성이 높습니다. 따라서 유사 사례를 통해 리더가 내릴 결정의 결과를 미리 예측해볼 수 있기 때문에 이것을 의사결정의 근거로 제시한다면 공감대를 형성하고 설득력을 높일 수 있습니다. 그리고 이런 과정이 또 하나의 사례가 되어 향후 다른 상황에서의 의사결정에 도움이 될 수 있기 때문에 주요 과정을 기록하는 것도 필요합니다.

'하늘 아래 새로운 것은 없다'는 표현이 있습니다. 우리가 새로운 보고서를 작성하기 위해 과거의 보고서를 살펴보는 것, 새로운 정책을 펼치기 전에 과거의 제도를 확인하는 것, 판결을 내리기 전에 판례를 미리 살펴보는 것처럼 스스로 확신이 서지 않는 의사결정을 해야 하는 순간에는 유사한 상황에서의 결정 사례를 찾아보고, 이를 활용하시길 바랍니다.

두 번째, 관련 부서와 협업합니다.

아무리 긴급한 일이라도 이 결정으로 인해 영향을 받게 될 조직의 의견을 청취하고 협의하여 이를 결정의 근거로 활용해야 합니다. 짧은 통화를 해서라도 의사결정의 근거와 예상 결과를 설명하고, 관련 부서의 의견을 확인한 후에 최종 결정을 해야 합니다. 특히, 비용과 장비 등으로 도움 주는 기술지원부서, 화상으로 참여하는 현업 부서와는 어느 정도 합의를 이루는 것이 좋습니다. 이런 과정을 통해 리더는 관련 부서에 해당 의사결정 과정의 긴급성과 중요성을 전하고, 공감대를 형성할 수 있습니다. 또한, 향후 이슈 발생시 책임과 역할이 분배되는 동시에 함께 고민하고 해결할 수 있는 지지세력을 확보할 수 있습니다. 그런 과정에서 여러 가지 대안이 도출되기도 합니다. 위와 같은 결정고민이 발생했을 때는 사전에 네트워크 환경을 점검하고, 안정적인 일부 지점에 한해 파일럿으로 화상 미팅을 진행해 볼 수도 있습니다.

세 번째, 한걸음 물러나서 상황을 바라봅니다.

필요한 정보는 제한돼 있고 상황은 급박하기만 합니다. 압박감의 차이는 있겠지만 이런 결정 상황은 현업에서 자주 발생하고 있습니다. 급히 결정을 내려야 하는 리더는 좋은 결정을 하기 위해 항상 최선을 다 하지만 매번 좋은 결정을 하는 것은 불가능하다고 생각합니다. 이런 상황에서 리더의 결정은 결과에 따라 평가와 책임으로 이어지기 때문에 결정을 내리는 순간의 무게감은 이루 말로 표현할 수 없을 정도로 무거워집니다. 사람은 스트레스 상황이 닥치면 호흡이 거칠어지거나 근육이 경직되기도 합니다. 이런 상황에서는 정신적 고통도 수반되어 자주 의사결정의 오류를 범하기도 합니다. 이럴 때 한걸음 물러나서 그 상황을 바라보며 '화상으로 진행하는 타운홀 미팅 결정에서 조직이 달성하고자 하는 것은 무엇인지?', '그 결정으로 어떤 결과를 예측할 수 있는지?', '실패했을 때보다 성공했을 때 어떤 이점이 있는지?를 생각해봅니다. 한걸음 물러나 상황을 바라보면, 극심한 스트레스 상황에서 잠시 숨통을 틔우고 오히려 좋은 결정을 할 수 있는 힘을 얻을 수 있습니다.

상사들간 의사결정 의견이 다를 때

리더의 결정고민

"결재라인에 있는 상사들이 서로 다른 의견을 보입니다. 이러지도, 저러지도 못하고 끌려다니다 보면 상사들의 눈치를 보다가 의사결정을 내리지 못할 때도 있습니다. 팀원일 때는 선배, 팀장의 눈치를 봤다면, 팀장이 되어서는 임원과 CEO 사이에서 눈치를 봅니다. 이럴 때는 대체 어떻게 의사결정을 해야 할까요?"

사례/에피소드

일반적으로 조직에는 수직적 결재라인이 존재하기 때문에 다양한 의사결정권자들의 승인을 받아야 한다. 그런데 보고를 하다 보면 결재라인에 있는 상사들끼리 서로 다른 의견을 보일 때가 있다. 각 상사들의 의견을 담다 보면 최종 의사결정권자에게는 당초 실무진의 의견과는 상이한 보고를 드려야 하는 경우도 생긴다. 실제로 A팀장은 결재라인상

담당임원 - 전무 - 사장순으로 보고를 하고 결재를 받아야 하는데, 전무와 사장이 정반대의 입장을 내놓을 때가 많다. 실무자들과 A팀장 입장에서도 사장 의견이 맞다고 생각하는데 그렇다고 전무를 패싱하고 사장에게 직보를 할 수도 없는 상황이다. 한 번은 전무 의견대로 보고서를 수정하여 사장에게 보고드렸더니 사장이 반대 방향으로 결정을 하셔서 전무한테 설명하느라 진땀을 흘린 적이 있다. 이렇듯 직속 상사 두 분의 생각이 차이가 클 때 어떻게 해야 하는지 고민되는 상황이다.

이렇게 결정해보세요

많은 기업들의 의사결정구조가 과거에 비해 수평적이고 스피드하게 변화하고는 있지만, 아직도 실무자가 최종 의사결정을 받기 위해서는 2~3단계의 결재라인을 거쳐야 하고, 예산부서의 합의도 받아야 합니다. 그 과정에서 상사들간 의견이 다르면 중간에서 난처해질 때도 있습니다. 위 사례의 팀장 역시 결재라인에 있는 상무(직속상사)와 전무(차상위상사), 사장(최종의사결정권자) 사이에서 상사들간 너무 다른 의견으로 입장이 난처할 수밖에 없습니다. 특히, 자주 소통하기 어려운 전무와 사장인 두 상사의 의견이 다르면 미리 각각의 의중을 파악해서 조정안을 보고하기도 어려울 것입니다. 전무를 패싱하거나 모든 보고를 사장 지시사항이라고 통보하듯 면피하는 것 역시 임시방편에 불과하여 결국 팀장에게 모든 책임이 전가될 수 있습니다. 만약 두 상사가 조직 내에서 대립하는 상황이라면 누구의 편을 선택하는 것도 바람직하지 않습니다.

그렇다면 다음 세 가지 방안을 생각해 볼 수 있습니다.

첫 번째, 이해당사자인 전무와 사장의 시각에서 과제를 바라봅니다.

전무와 사장 모두 회사를 위한 의사결정을 하더라도 직책과 위치에 따라 사안을 바라보는 시각이 다를 수 있습니다. 가령 사장은 회사의 볼륨을 키우는 성장성에 중점을 두고 과감한 투자의지를 보이는 반면, CFO로 회사의 살림을 챙겨야 하는 전무의 입장에서는 수익성과 재무상태를 중심으로 판단하려는 경향을 보일 수 있습니다. 물론 사장도 전무의 우려를 모르는 것은 아니지만 그럼에도 불구하고 의사결정을 하는 것이며, 전무 역시 사장의 의지를 모르는 것은 아니지만 그럼에도 불구하고 리스크를 최소화하려는 입장 차이로 의견이 다르게 보일 수 있습니다.

실무 팀장 입장에서는 전무와 사장 모두 업무상 고객이라고 할 수 있습니다. 두 고객 모두 만족시킬 수 있는 솔루션을 찾아가는 과정은 당연히 거쳐야 할 단계입니다. 동일한 불편에 대해서도 고객마다 요구사항이 천차만별이듯이 각 임원의 시각으로 판단하는 가치들에 대한 상황인식과 판단 근거들을 통해 대응하고 설득해가는 노력이 필요합니다.

두 번째, 상무, 전무와 함께 의사결정 합의 미팅을 통해 협의체를 만들고, 수행 과제들을 좀 더 입체적으로 수행하여 다차원적인 의사결정 라인을 만들어 봅니다.

전무-사장 라인에서 계속 의견이 맞지 않을 경우, 실무 팀장 혼자 일을 수직적으로 주도하며 처리해 가기란 버거울 수 있습니다. 이럴 경우, 전무가 과제의 오너Project Owner가 될 만한 과제를 형성하고, 스스로 프로젝트 팀과 사장 보고를 진행할 수 있도록 합니다. 또한, 의사결정 과정에서 사장과 힘 겨루기를 하기보다는 전사적 관점에서 일이 수행되고, 의사결정이 통합되는 리더십을 보여줄 수 있도록 합의를 위한 협의체가 필요하겠습니다. 최종 의사결정권자를 제외한 결재라인의 리더들이 머리를 맞대 사전에 다양한 의견을 주고받는다면, 결재라인 내에서 발생할 수 있는 복잡한 의견 충돌을 방지할 수 있을 것입니다.

세 번째, 어느 한 상사의 의견에 맞춰야 하는 상황이라면 다음과 같이 상황별 결과를 예측해 볼 수 있습니다.

1) 전무 의견에 맞추는 경우: 이 경우, 최종결재권자인 사장이 결재를 거부할 수 있고, 결정을 주도적으로 변경할 수도 있습니다. 주의할 점은 상황에 따라서 전무가 팀장에게 책임을 전가할 수도 있다는 점입니다. 따라서 전무와의 보고 상황에서 전무와 팀장 본인의 의견이 다른 경우 충분히 본인의 의견을 먼저 제시하고 설득하는 작업이 필요합니다. 특히 팀장의 입장에서 사장과 전무의 의견이 다르다는 점이 확인됐다면, 확인된 부분을 전무와 최대한 공유해야 합니다. 팀장 개인의 의견과 생각도 미리 명확히 준비되어야 합니다.

2) 사장 의견에 맞추는 경우: 전무와 사장 사이에 대립과 갈등이 있거나 원활한 커뮤니케이션이 이루어지지 않는 상황에서는 팀장 입장

에서 어느 정도는 리스크를 감수해야 합니다. 이와 같은 상황에서 팀장은 정치적 논리에 따라 예상치 못한 결과를 감당해야 하는 경우도 적지 않게 발생하게 됩니다.

3) 피해야 하는 선택 사항: 전무를 거치지 않고 사장에게 직접 우회하여서 전무가 A로 생각하지만 팀장인 나는 B로 사장님께 결재보고를 올린다는 전략은 가장 마지막에 선택해야 하는 선택지입니다. 라인상의 상사인 전무를 배제하면 반감을 불러일으키기 때문입니다. 따라서 가장 마지막에 더 이상 선택지가 없을 때 사용해야 하는 방법이지만, 생각보다 많은 조직에서 이런 선택을 하는 팀장들이 많은 듯합니다. 혹여 급해서 그렇게 업무를 처리했다고 하더라도 반드시 전무에게 신속하게 상황과 처리 내용을 보고해야 합니다.

보통 이러한 조직 내 대립과 갈등을 통칭해서 '사내정치'라고 부르기도 합니다. 사내정치Workplace Politics 또는 사무실정치Office Politics라고 하는 것은 조직이 있는 어느 시대에나 암묵적으로 있었으나, 1966년 윌프레드 시드Wilfred Sheed의 소설 『Office Politics』에 이 용어가 처음 등장하면서 대중화되었습니다. 이후 여러 학자들이 본격적으로 학문적 연구를 시작하였는데, 미국에서 가장 오래된 영어사전인 Merriam Webster는 이를 '비즈니스 또는 회사 내에서 권력이나 이점을 얻거나 유지하는 데 사용되는 활동, 태도 또는 행동'으로 정의하였고, 마이클Michael과 데보라 돕슨Deborah Dobson은 저서 『Enlightened Office Politics』에서 보다 포괄적으로 '제한된 자원을 할당하고, 서로 다른 관심사와 경쟁적인 성격을 가진 사람들이 모인 환경에서 목표, 결정 및 행동을 수행하는 정보 혹은 때로는 감정 중심의 프로세스'라고 정의하였습니다. 이러한 사내정치 상황은 의사결정 프로세스의 세 번째 단계인 Choose(선택하기)에서 '이해당사자들의 합의'에 해당합니다.

곤란한 상황을 헤쳐 나가기 위해 직속 상사인 상무에게 솔직한 마음을 드러내고 도움을 요청하는 것도 좋은 방법입니다. 나아가 상무에게 '어떻게 전무와 갈등 없이 사장 보고까지 잘 마칠 수 있을지'에 대한 조언을 구한다면, 상무는 기꺼이 팀장 입장에서 해결책을 모색해 줄 것입니다.

추천드리는 방법은 이해관계자 저마다의 방식에 맞게 합의를 거쳐나가는 것입니다. 이때 팀장이 주의할 것은 전무와 사장 사이에서 '박쥐'가 되어서는 안 된다는 것입니다. 사내정치에서 가장 위험한 것이 '정공법이 아닌 편법'이며, 어렵지만 가장 안전한 것은 '진정성있는 소통'이기 때문입니다.

이해당사자가 많은
현안을 해결해야 할 때

리더의 결정고민

"각자 자기 부서 입장만 강조하며 소모적인 대화만 나누다 보니 시급한 현안이 처리되지 않는 상황, 어떻게 해결할 수 있을까요?"

사례/에피소드

A사의 연구개발부 이 팀장은 중요한 결정상황에서 부서간 의견이 서로 달라 고민이다. 고객의 니즈에 유연하게 대응하기 위해서는 생산기술부, 품질부, 영업부가 서로 협업하여 업무를 처리해야 하는데 문제해결을 위해 생산적으로 논의하기보다는 서로 자기주장만 펼친다. 최종적으로 고객과 소통해야 하는 연구개발부의 이 팀장은 결정이 지연될수록 마음이 초조하다. 이해관계자가 많아서 결정이 쉽지 않은 상황, 어떻게 결정할 수 있을까?

연구개발부 : 생산기술부가 납기를 맞춰 주셔야 합니다. 지금 가장 중요한 것은 고객

과의 신뢰예요. 이제 와서 일정 조정이라니요?

생산기술부 : 납기 맞출 수 있죠. 그럼 품질 기준을 조정해주세요. 품질부에서 품질기

준에 못 미친다고 양산을 못하게 하는데 우리가 별 수 있습니까?

품질부 : 아니, 무슨 말을 그렇게 합니까! 못하게 한다니요? 일정보다 중요한 것이 품질

수준입니다. 우리라고 놀고 있는 것 아닙니다. 우리도 스케줄이 있는데 지금

와서 고객요구수준의 변경이 필요하다고 말하면 우리가 어떻게 처리합니까?

물량만 받아오면 문제가 해결됩니까? 수준을 맞추려면 시간이 필요합니다.

연구개발부 : 그것을 왜 저희에게 따지십니까? 계약은 영업부에서 했지 우리가 했습

니까? 우리도 영업부에서 벌려 놓은 일 뒤처리하느라 바쁩니다.

영업부 : 장사 하루 이틀 합니까? 그렇게 따지면 계약은 어떻게 하고 매출은 어떻게

올리나요. 그러다 경쟁사에 고객 다 뺏깁니다. 일정확보는 연구개발부 책임

입니다. 고객 요구수준이 바뀌어서 품질변경을 해야 하면 연구개발부에서 최

소한 고객사와 함께 개발 일정을 연기하려고 노력해주셨어야죠.

이렇게 결정해보세요

이 책을 읽는 리더라면 대부분 경험해 본 사례일 겁니다. 조직은 공동
의 목표를 가진 집단이면서 동시에 다양한 이해관계자로 구성되어 있습
니다. 의사결정이 필요한 순간, 각 부서가 가진 관점과 기준에 따라 그
사안을 바라보고 판단합니다. 품질부는 품질 수준을 지키는 것이 중요
하고 생산부는 정해진 스펙을 정해진 일정에 출시하는 것을 중요하게

생각합니다. 영업부서는 조금 무리가 따르더라도 고객의 니즈에 부합하여 계약을 수주하는 것을 더 중요하게 생각할 수 있습니다.

이번 사례는 NICE Process에서 Choose(선택하기) 단계의 '기준 확정' 이슈입니다. 다양한 이해관계자가 존재하는 상황에서 결정의 가장 중요한 요소는 '무엇을 기준으로 삼을 것인가?'입니다. 각 부서는 자신의 입장과 처지에 따라 의견을 주장할 수 있지만, 조직의 공동 목표를 생각할 때 현 시점에서 무엇이 가장 중요한 기준인지 합의하고 이에 따라 결정을 내려야 합니다.

또한, 이번 사례는 Part2의 첫 번째 질문인 '결정의 원칙과 기준이 있는가?'와 관련이 있습니다. 즉, 우리 조직은 꼭 필요한 결정의 원칙과 기준을 가지고 있는지 질문을 던져보는 것입니다. 각 부서의 입장은 대개 일리가 있습니다. 생산부서가 추구하는 '품질'이라는 가치는 우리 조직이 추구해야 할 중요한 가치입니다. 동시에 영업부서가 주장하는 '고객만족'이라는 가치 역시 우리 조직이 추구해야 할 중요한 가치입니다. 두 가지 좋은 가치가 상충할 때 결정의 기준은 '조직이 우선적으로 추구하는 가치는 무엇인가'에 대한 공통의 합의에 달려있습니다. 이것은 조직이 추구하는 비전, 미션, 핵심가치에서 비롯됩니다. 조직의 핵심가치는 중요한 의사결정 상황에서 기준이자 가이드라인으로 작용합니다.

위 사례의 A사 연구개발부서처럼 중요한 결정상황에서 부서간 의견이 서로 달라 고민일 때 이를 해결하는 방법으로는 단기적 접근과 장기적 접근 두 가지로 구분하여 대응해볼 수 있겠습니다.

단기적으로는, 긴급한 조치가 필요하다고 생각되는 부분부터 먼저 처리할 수 있습니다.

현재 사안에서 가장 중요한 결정은 '약속된 일정 안에서 어떻게 고객의 요구수준을 맞출 것인가'입니다. 그러나 기약 없이 논의만 반복되면 기회를 놓칠 수 있습니다. 논의 시간을 단축시키기 위해서는 먼저 조직의 공통목적에 기반하여 결정의 기준을 마련할 필요가 있습니다. 당장의 매출을 포기하더라도 품질을 위해 일정 조정이 필요한 이슈인지, 일정을 준수하기 위해 자원을 모두 동원해야 할 사안인지 등 올해 조직의 최종 목표에 기반하여 현재 어떤 가치가 최우선이 되어야 하는지를 논의합니다. 해결되지 않을 것 같던 문제들도 공통의 끝그림을 두고 논의하면 좀 더 쉽게 결정되는 경우도 있습니다. 문제와 목표가 명확해지면 기준이 선명해지기 때문입니다. 이때, 앞에서 소개된 NICE Process의 Choose(선택하기)단계에서 소개한 방법들을 활용해볼 수 있습니다.

장기적으로는, 향후 같은 사안이 또 발생했을 때를 대비해 기준이 되는 원칙을 만들 수 있습니다.

문제 발생 후 매번 논의를 통해 대안을 결정하면 시간이 많이 걸리고, 잘못하면 결정의 시기를 놓칠 수도 있습니다. 결정까지 도달하는 시간을 단축하기 위해서 기준이나 솔루션 등을 미리 설계해둘 필요가 있습니다. 또한, 각 부서가 부분최적화를 추구하면 조직의 목적을 이루기 어려워집니다. 각 부서가 부서의 입장에서 결정한다는 것은 조직의 목적에 부합하는 공통의 기준이 없다는 것과도 같습니다. 기준이 없으면 그때그때 필요한 대로 해석하게 되고, 이런 해석은 대응을 지연시키는가 하면 부서 간 갈등까지 초래할 수 있습니다. 이를 위해서는 조직이 중요하게 생각하는 가치에서 출발해 각 사안의 기준이 되는 원칙을 수립해야 합니다.

조직이 중요하게 생각하는 가치, 즉 가장 근간이 되는 기준은 조직의 미션, 비전, 핵심가치입니다. 그러나 많은 이들이 회사의 미션, 비전, 핵심가치를 제대로 알지 못합니다. 실제로 교육진행 시 종종 회사의 미션, 비전, 핵심가치를 알고 있는지 질문하지만, 다들 예상보다 대답을 잘 못합니다. 이 경우, 회사의 미션, 비전, 핵심가치를 원칙과 기준으로 활용할 수 없습니다. 특히 부서 간 이견이 있을 때, 어느 한 부서라도 동의하지 않는다면 미션, 비전, 핵심가치를 원칙과 기준으로 활용하기란 현실적으로 불가능한 일입니다. 그렇다고 위 사례에서 A사의 연구개발부 이 팀장이 독단적으로 조직의 미션, 비전, 핵심가치를 바꿀 수도 없습니다.

그런 경우에는 우리 팀이 일을 잘 처리하기 위해 필요한 조직의 기준을 세워야 합니다. 우선, 이번 사안처럼 부서 간 관점의 차이로 발생가능한 이슈를 도출합니다. 해당 이슈 발생 시 어떻게 처리하면 좋을지 기준을 마련합니다.

기준을 마련할 때는 다음과 같은 사항을 준수해야 합니다.

① 관련된 부서 모두 결정에 참여합니다.

② 가능한 한 명확하고 구체적으로 기준을 만듭니다.

③ 치열하게 토론하되 결정된 것은 함께 지키기로 합의합니다.

기준에 대한 합의가 끝나면 그 기준을 잘 지켜 나가는 것이 중요합니다. 그러나 단번에 완벽한 기준을 수립할 수는 없는 일이므로, 실행과 반복을 거치면서 기준을 개선해 나가야 합니다. 그렇게 모두가 한 방향을 바라보도록 명료함을 제공할 수 있을 때, 비로소 '좋은 결정'을 했다고 말할 수 있을 것입니다.

이익이 상충하는 상황에서
다양한 선택지가 필요할 때

리더의 결정고민

"각자 팀의 성과나 이익에 초점을 맞추다 보면, 조직 차원에서는 비효율적인 경우도 적지 않습니다. 이런 경우, 어떻게 하면 보다 합리적인 해결책을 찾을 수 있을까요?"

사례/에피소드

영업1팀과 영업2팀은 다음주 공동 판촉 이벤트 준비를 하고 있다. 일정상 주말에 4명이 출근해서 창고정리를 해야 하는 상황이다. 알게 모르게 실적 경쟁 중인 1팀과 2팀. 상반기에 목표 달성을 모두 초과한 1팀은 상대적으로 다음주 판촉에 느긋한 반면, 2팀은 아직 실적이 많이 아쉬운 상태다. 2팀 팀장의 입장에서는 다음주 행사를 위해 주말에는 팀원들이 휴식을 취하게 해주고 싶다. 그러나, 평소 담당지역에 비해 인원이 부족하다고 문제를 제기해 오던 영업1팀장은 주말 창고정리를 우리

팀(영업2팀)에서 담당해야 한다고 강력하게 어필하고 있는 상황이다.

이렇게 결정해보세요

이 사례는 앞에서 정리한 결정의 요건 중 '협업을 만들어 내는 원칙과 기준은 있는가' 그리고 '구성원의 참여와 지지를 이끌어내는가' 등과 관련된 이슈입니다. 따라서 감정적인 대응을 하거나 공평하게 각 팀당 2명이 주말 창고정리를 한다는 간단한 절충안을 선택하기 전에 좀 더 폭넓은 접근이 가능한지 먼저 검토해야 합니다. 의사결정 프로세스에서는 Investigate(검토하기)단계와 Choose(선택하기)단계에 초점을 맞춰야 하므로, 이해관계자의 입장과 니즈를 확인하면서 다양한 선택지를 도출하고 협의해 나갈 필요가 있습니다.

이와 같이 조직 내외부에서 갈등이 생기면 보통은 한쪽의 아이디어를 포기하게 하거나 다수결의 방식으로 이를 해결하게 됩니다. 한쪽의 아이디어를 포기하게 하는 논쟁의 경우에 보통은 "알겠습니다. 그 쪽 의견대로 합시다."라는 포기의 의사표시를 먼저 꺼내는 쪽이 자신의 의견을 접게 됩니다. 그러나 이 표현은 "당신의 말이 옳습니다."라는 말과는 분명히 다릅니다. 논쟁 상대의 파워가 강하거나, 논쟁이 지긋지긋해져서, 혹은 협력의 분위기가 깨질 것을 걱정하는 등의 이유로 일시 물러나는 것에 불과합니다. 다수결에 의한 의사결정도 항상 최선의 선택은 아니라는 점을 이미 여러 곳에서 경험해 보았을 것입니다.

의사결정을 돕는 NICE Tool 활용법 1. Choose(선택하기)단계 - 옵션도출

로저마틴의 저서 『Creating Great Choices : 최고의 리더는 반드시 답을 찾는다』를 보면, 서로의 이해가치가 상충되는 상황이나 두 마리 토끼를 잡아야 하는 상황에서 타협(절충)의 해법보다는 통합의 해법을 먼저 고려해 볼 것을 조언하고 있습니다.[8]

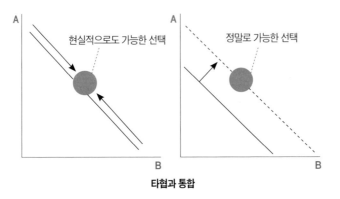

타협과 통합

서로의 이익과 추구하는 가치를 축소하지 않고도 통합적인 해법을 만들어 내기 위해서는 자기 생각을 객관적인 관점에서 바라봄으로써 자신이 가지고 있는 모형과 그 한계를 이해하는 메타인지(Meta Cognition), 다른 사람의 생각을 깊이 이해함으로써 차이를 인식하고 협력의 기회를 마련하는 공감(Empathy), 그리고 주어진 선택지에서 벗어나 자유롭게 새로운 통찰력을 추구하는 창조성(Creativity)이 필요함을 안내하고 있습니다.[9]

---

8 로저마틴,『Creating Great Choices : 최고의 리더는 반드시 답을 찾는다』(더퀘스트, 2019년) 中 32p 참고

9 로저마틴,『Creating Great Choices : 최고의 리더는 반드시 답을 찾는다』(더퀘스트, 2019년) 中 67p 참고

앞의 사례에 위와 같은 Nice Tool 활용법을 접목하여 도출할 수 있는 선택지는 다음과 같습니다.

첫 번째, 상대에게 양보합니다. 대신, 다른 보상을 받아냅니다.

전체적인 효용의 최대화를 위해서는 먼저 상대방에게 양보하는 것이 가장 현명한 선택지입니다. 기본적으로 상대방에게 양보^{Give}하는 접근은 상대방의 협력을 유도하기 좋은 상황을 만들어냅니다. 그러나 이 경우에 양보는 적절한 보상^{Take}이 필요함을 상대방이나 동료 팀원들에게 명확히 제시하고 공감을 받아내는 일이 중요합니다. 팀원들로부터 '우리 팀장은 사람이 좋아서 우리만 주말에 출근한다'는 평가를 받게 된다면 리더로서 직무유기에 해당할 수 있습니다. 따라서 상응하는 보상을 받게 된 경우, 같이 해결해야 하는 우리 팀 동료들에게도 적정한 수준에서 상황을 공유하는 노력이 필요합니다.

위 상황에서 우리 팀(영업2팀)이 양보하는 차원에서 이번 주말에 창고 정리를 하고, 대신 1팀에게는 다른 보상책을 받아낼 수 없는지 먼저 확인하는 옵션이 가장 먼저 고려되어야 합니다. 이 경우, 의외로 창고정리의 수고보다 더 큰 보상을 받아낼 수도 있습니다. 예를 들어 1팀의 가장 심각한 문제가 매출 실적이 아니라면, 우리팀이 주말 근무를 지원하는 대신 일정한 매출 지원 같은 실질적인 보상을 받아낼 수도 있기 때문입니다.

두 번째, 상대방이 양보하도록 설득합니다. 대신, 다른 보상을 통해 상대를 지원합니다. 부득이하게 양보할 수 없는 상황이 있을 수도 있습니다. 양보를 하면 우리팀에 다른 더 큰 문제들이 야기될 가능성이 높다면, 양보하고 다른 보상을 받아내는 것은 좋은 선택지가 아닙니다. 이 경우에는 차선책으로 상대방이 양보하도록 설득해야 합니다. 물론 이 경우 상대방은 어려운 선택을 해야 하는 상황이기 때문에 이에 대한 지원을 해 줄 수 있어야 합니다.

영업 1팀이 주말 창고정리를 하도록 요청하면서, 다른 방식의 지원을 해 줄 수밖에 없는 상황을 잘 전달해야 합니다. 이 경우에 추가 지원을 어떻게 해 줄 것인지를 상대방에게 먼저 제시하는 것보다는 상대방에게 "대신, 다른 방법으로 도와 드릴 수는 없을까요?"하고 질문함으로써 상대방이 속마음을 좀 더 터놓을 수 있도록 하는 접근이 좋습니다. 이해관계가 서로 부딪히는 경우에는 결론을 내기 전에, 최대한 서로의 숨겨진 니즈를 공유하는 작업이 문제 해결을 원활하게 만들 수 있습니다. 물론 이 경우 상대방이 터무니없는 요청을 하는 경우도 있을 수는 있습니다만, 우리가 줄 수 있는 보상 카드를 미리 많이 확보해 둔다면, 우리에게 부담이 가장 적은 해결안부터 제시하면서 충분히 합의를 유도할 수 있을 것입니다.

세 번째, 상대방과 절충 혹은 타협합니다.

사례의 경우에, 영업 1,2팀은 각각 2명씩 선발하여 주말에 창고정리를 함께 하도록 하는 선택을 절충안으로 합의할 수 있습니다. 주말에 출근한 동료들에게는 팀장의 재량에 따른 일부 보상(대체휴가 등)을 줄 수도 있을 것입니다. 사실, 우리는 이러한 상황에서 이와 같은 타협이나 절충안을 가장 많이 선택하게 됩니다. 하지만, 먼저 앞의 두 가지 방법으로 해결이 되지 않을 때 절충안을 고려해도 늦지 않습니다.

이처럼 서로간에 상충되는 이익을 조율하기 위해서는 양쪽 모두가 받아들일 수 있는 명분과 실리가 필요합니다. 한쪽만이 희생하거나, 한쪽만이 혜택을 가지는 결정은 바람직하지 않습니다. 특히, 한 번의 결정으로 끝나는 관계가 아니라 사례와 같이 지속적으로 함께 관계를 모색해야 하는 사이일수록 보다 폭넓은 시각에서 상호간의 효용이 극대화될 수 있는 합의점을 찾아보시기 바랍니다.

업무의 우선순위를 결정할 때

리더의 결정고민

"현재 과도한 업무를 모두 시급하게 진행하고 있는데, 계속해서 새로운 업무가 부여됩니다. 업무의 우선순위를 어떻게 결정하면 좋을까요?"

사례/에피소드

최근 A팀장은 급격하게 업무량이 증가하여 힘들어 하는 팀원들에게 어떤 조치도 해주지 못하고 있다. 5명의 팀원 중 한 명은 육아휴직을 간 상황이라 4명이 5명의 업무를 감당하고 있는데 김 상무로부터 신사업에 대한 전략과제 업무까지 지시받아 시장조사와 업체 미팅 등의 긴급한 업무 처리를 하는 바람에 기존의 업무들은 쌓여가고 팀원들의 불평도 늘어나는 상태. 성격이 급한 김 상무는 대표이사에게 빠르게 보고하기 위해 아이디어가 생각날 때마다 박 팀장을 호출하여 본인의 생각을 두서없이 이야기하면서 업무를 지시했다. 하지만 박 팀장은 김 상무가 지시하는 업무들이 별로 효율적이지 않고 시간낭비라는 생각만 든다.

이렇게 김 상무가 막무가내로 업무 지시를 하는 상황에서 김 상무의 지시를 묵묵히 따르자니 팀의 업무가 정체되고 팀원들의 불평이 끊이질 않는 부작용이 발생한다. 어떻게 해야 일의 우선순위를 지혜롭게 결정할 수 있을까 고민이다.

이렇게 결정해보세요

누군가는 일의 우선순위를 고민하는 모습을 보면 "중요하고 긴급한 일부터 처리하면 되지, 뭐가 고민이냐"라고 쉽게 말할 수 있습니다. 하지만 직장 생활을 하다 보면 중요하지 않더라도 상사의 지시이기 때문에 빨리 처리해야 하는 업무가 있고, 중요한 일을 하다가도 정해진 회의가 있으면 일을 미루고 참석해야 할 때도 있습니다. 이처럼 단순히 중요성과 긴급성만으로 업무의 우선순위를 정하기에는 너무나 많은 변수가 존재합니다.

이에, NICE 프로세스 중 Notice(인식하기) 단계의 '정보수집'과 Investigate(검토하기) 단계의 '정보분석/니즈확인' 부분을 활용해 업무의 우선순위를 결정하는 방법을 알아보겠습니다.

첫 번째는 정보수집 단계입니다.

사례에서와 같이 기존에 업무가 많았던 A팀장에게 김 상무는 왜 신사업에 대한 전략과제 업무를 지시하고 본인의 아이디어를 끊임없이 얘기하는 걸까요? 그 답을 찾기 전에 먼저 업무를 지시하는 사람에 대해 다양한 정보를 수집해야 합니다. 사례에서는 업무를 지시하는 사람이 김 상무 한 명인만큼, 김상무의 현재 상태에 대한 정보를 수집합니다. 최근 김 상무의 사내 입지는 어떤지, 승진을 앞두고 있는지, 대표이사와의 관계는 어떤지, 주로 지시하는 업무는 어떤 것들인지 그리고 평소 A팀장과 A팀을 어떻게 생각했는지 등 과도한 업무 지시의 원인인 김 상무와 관련해 많은 정보를 수집해야 합니다.

두 번째는 정보분석 단계입니다.

이전 단계에서 수집한 정보를 기반으로, 김 상무의 업무 지시 배경과 업무 내용을 분석해보시기 바랍니다. 사실 김 상무의 지시는 단순히 본인 생각이 아니라, 대표이사의 지시이자 회사의 명운이 달린 숙제일 수도 있습니다. 또는 진급을 앞두고 있거나 회사에서 입지가 좁아진 김 상무가 다양한 업무를 빠르게 처리하고 싶어하는 것일 수도 있습니다. 아니면 A팀장 및 A팀의 업무 처리 방식에 대해 불만을 표출하는 방법이었을 수도 있으며, A팀의 1명이 육아휴직인 것을 모르고 물리적인 여유가 있다고 생각하여 업무를 지시했을 수도 있습니다. 이처럼 단순히 김 상무의 '무엇무엇을 하라'는 업무 지시 텍스트에만 빠지지 말고 숨어 있는 컨텍스트를 확인하기 위한 정보분석이 반드시 필요합니다.

세 번째는 니즈확인 단계입니다.

김 상무의 업무 지시와 행동에서 나타나는 컨텍스트를 어느 정도 확인했다면 이번에는 실제로 김 상무와 보고 또는 면담의 시간을 갖고 니즈를 명확히 확인하고 구체화해야 합니다. 어쩌면 김 상무 스스로도 본인 내면의 니즈를 모르거나 확신이 없었기 때문에 생각나는 대로 업무 지시를 하거나, 무리한 요구를 했을 수도 있습니다.

따라서 김 상무가 지시했던 다양한 업무와 관련하여 현재 일의 진척도와 팀 내 업무 배분 등을 정리한 후 각각의 업무에 대해 A팀장이 생각하는 가치와 예상 시간 등을 표시하여 중간 보고 형태로 미팅을 진행하시길 바랍니다.

이 과정을 통해 업무에 대한 김 상무의 근본적인 방향과 니즈를 확인할 수 있을 것입니다. 또한, 본질적인 업무와 단발성 업무를 구분하고 각각의 업무를 즉시 처리할지, 폐기할지, 다른 팀에게 위임할지 등을 확인하여 김 상무가 생각하는 일의 본질을 같이 찾아가야 합니다.

업무를 둘러싼 다양한 정보를 수집하고 분석한 후 지시자와 실무자의 니즈를 제대로 확인함으로써 업무의 우선순위를 명확히 할 수 있음을 꼭 기억하시기 바라며, 마지막으로 업무의 우선순위와 관련된 유명한 일화를 소개해드리겠습니다.

1800년대 후반, 미국에서 가장 부자였던 철강왕 앤드루 카네기는 30대의 젊은 경영컨설턴트 프레더릭 테일러에게 질문했습니다. "만약 나에게 경영에 도움이 되는 말을 해준다면 1만 달러를 주겠소." 그러자 테일러는 이렇게 말합니다. "카네기씨, 당신이 생각하고 있는 가장 중요한 일 다섯 가지를 써 보세요. 그리고 그 순서대로 하시기 바랍니다." 결국 테일러는 카네기에게 1만 달러를 받았습니다.

구성원의 인사이동에 개입하는 결정을 할 때

리더의 결정고민

"팀원 중 한 명을 TFT^{Task Force Team}에 보내야 하는데 누구를 보내야 할지 고민입니다."

사례/에피소드

최근 S사는 신사업 추진을 위한 TFT^{Task Force Team}가 빈번하게 생성되면서 여러 팀으로부터 인력 차출이 많아지고 있다. A팀장은 선임사원인 B가 능력도 많고 팀에 기여하는 부분도 커서 개인적으로 보내고 싶지 않았지만 그의 경력개발을 고려할 때 TFT의 경험이 도움이 될 것이라고 판단하여 B를 TFT로 보내기로 하였다. 그런데 B는 현재 직무에 만족하고 있는 상태여서 갑작스런 발령에 불만을 토로하며 어쩔수 없이 TFT에 합류하게 되었다. 이후 B는 연말 리더십 서베이에서 A팀장을 자기중심적이라고 기술하게 된다. 팀장의 좋은 의도와 배려의 결정이 오히려 팀원 개인과 팀장 모두에게 좋지 못한 결과가 돼버린 것이다.

이렇게 결정해보세요

팀원들의 발령문제는 항상 어려운 결정입니다. 우수한 인재를 확보하는 것도 어려운 일이지만, 저성과자에 대한 조치나 퇴출은 더 어려운 일입니다. '인사가 만사'라는 오래된 격언처럼 사람에 대한 관리가 가장 중요한 문제이며 조직을 이끄는 리더가 내려야 할 결정입니다.

위 사례처럼 회사의 중요한 TF팀에 인력을 보내야 하는 상황에서 우수한 인재를 보낼지, 저성과자를 보낼지, 무난한 인력을 보낼지는 그때 상황에 따른 리더의 선택일 수 있지만, 리더의 결정은 구성원이 직무에 몰입하고 조직에서의 자신의 목표를 달성할 수 있도록 돕는 결정이어야 합니다.

하지만 A팀장은 구성원 중 누구를 TF팀에 차출할 것인지의 결정과정에서 어떠한 원칙과 기준을 갖고 있지 못했습니다. 과거 본인의 직장생활에서 경력이나 보직이 중요했던 경험에만 의존하여 결정하는 나쁜 습관을 또 드러내고 말았습니다. 협업의 관점에서 보더라도 해당 결정은 TF팀에도 구성원 개인에게도 도움이 되지 못한 결정이 되어 버렸습니다.

이번 사례와 같이 본인의 결정에 따라 타인 등 이해관계자에게 변화가 발생하는 사안에 대해서는 결정과정에 충분한 커뮤니케이션이 있었는지 점검해 보아야 하며, 팀원도 당연히 본인과 같은 생각을 할 것이라는 잘못된 합의효과 등의 심리적요인 등을 제거하고 소통해야 합니다.

NICE Process의 Investigate(검토하기)단계에서 이번 인사이동과 관련한 충분한 정보분석 및 이해관계자들의 니즈확인을 거치고, Choose(선택하기)단계에서는 해당 인원을 선정하는 기준을 확정한 뒤, 결정상황을 구성원과 공유하는 프로세스를 실행한다면 보다 합리적이고 효과적인 인사이동 결과를 가져올 것입니다. 그러나 여기서 구성원들의 납득성을 높일 필요가 있습니다. 다음은 Choose(선택하기)단계에서 납득성을 높이기 위해 필요한 두 가지 방법입니다.

첫 번째, 업무조직화란 개념을 활용해 원칙과 기준을 마련합니다.

업무조직화란, 목표와 결과를 설정한 후 우선순위에 따라 시간과 사람을 배분하는 역량을 의미합니다. 이를 통해 리더는 구성원들이 목표를 달성할 수 있도록 과정을 관리하고 지원합니다. 따라서 리더가 고민하는 수많은 결정은 목표달성에 도움이 되는지의 여부가 결정기준이 됩니다. "TFT에 어떤 직원을 보내야 할까?" 이러한 리더십 개입의 문제에서는 원칙과 합리적 기준을 가지고 일관되게 결정하는 것, 그 결정의 기준과 공유방식에서 충분한 납득이 이루어지게 하는 것이 가장 중요합니다.

인력 구성과 역할 배분은 리더가 어떤 원칙을 가지고 팀을 운영하는지, 그 원칙을 어떻게 공유하고 소통하는지에 달린 문제입니다. 이번 사례와 같이 'TFT에 어떤 직원을 보내야 할지?'와 같은 이슈에 대한 결정을 할 때는 먼저 결정의 원칙과 기준을 마련해야 합니다. 세계적 투자회사인 브리지워터 어소시에이츠의 CEO인 레이달리오는 문제를 유형화하고 각 유형에 적절한 원칙을 적용하라고 조언합니다. 예를 들어, TFT에 인력을 보낼 때는 TFT에서 필요로 하는 인재와의 부합 정도, 우리 부서에 미치는 영향, 인력 이동에 따른 업무 공백, 대체 인력의 유무 등이 결정의 기준이 될 수 있습니다. 이때 어떤 항목에 가중치를 줄 것인지도 고려해야 합니다.

두 번째, 팀내 결정에 대한 사전 합의로 투명성을 높입니다.

원칙과 기준이 마련되면 다음으로 중요한 것은 이것에 대한 팀원들의 충분한 공감입니다. 해당 원칙을 충분히 설명하고 공유함으로써 납득성을 높일 필요가 있습니다. 결정 기준의 납득성은 소통의 문제일 경우가 많습니다. 리더가 갖고 있는 정보를 투명하게 공개한다면 해당 기준의 납득성을 높이게 되고 소통도 원활해질 것입니다. 이와 함께 원칙과 기준에 따라 일관되게 결정해야 합니다.

사례에 나오는 A팀장은 나름의 합리적 기준을 가지고 조직과 구성원의 이익을 생각하여 결정했지만, 기준이 공유되지도 합의되지도 않았기 때문에 구성원은 리더의 결정으로 인해 오히려 몰입에 손상을 입었습니다. 의도와는 상관없이 구성원들의 감정과 인식은 리더의 결정에 따라 부정적인 영향을 받을 수 있습니다.

팀장이 선임사원 B의 입장에서 결정의 근거와 배경을 충분히 설명했다면, 팀원은 오히려 팀장에게 고마운 마음을 가졌을 것입니다. 이때 가장 중요한 것은 합리적 기준의 마련이지만 사실 모든 구성원을 만족시키는 합리적 기준을 설정하기란 불가능에 가깝습니다. 이때 구성원간 예측가능성을 높여주면 납득성을 높이는 데도 도움이 됩니다. 첫 번째 방법은 사전에 팀의 중요한 기준을 함께 마련하고 공유하는 것입니다. 두 번째는 정보의 투명성을 높이는 것입니다. 이 두 가지를 통해 납득성을 높일 수 있습니다.

결정된 사항을
번복해야 할 때

리더의 결정고민

"리더로서 의사결정을 번복해야 하는 상황이 발생했는데, 이미 업무의 진도가 많이 나간 경우라면 구성원들에게 어떻게 설명하는 게 좋을까요?"

사례/에피소드

김 팀장은 올해 회사의 마케팅 방향을 고객 라이프스타일에 맞춘 고품격 서비스로 정했다. 이를 위해 금전적으로 여유가 있고 개인 맞춤의 니즈가 강한 고객에 맞춤화된 상품을 개발하고, 그에 따른 홍보전략도 기획하고 있었다. 하지만 최근 코로나19 확산으로 소비심리는 크게 위축된 상황이고 경제마저 얼어붙어 장기화 조짐을 나타내고 있다. 따라서 고품격 서비스 전략은 실패할 확률이 높아 보였고, 이대로 밀어붙이는 것이 무모하다는 판단이 들었다. 하지만 이미 프로젝트는 60% 이상이 진행된 상태라서 조직과 팀원에게 어떻게 이 상황을 설명하고 마케팅 방향을 변경해야 할지 고민이 된다. 전략 수립 초반에 이런 리스크를 예측하지 못했던 자신의 무능함과 팀원들이 느낄 허무함을 생각하면 그저 막막하기만 하다. 이 상황을 어떻게 설명하고 새로운 업무를 추진해야 할까?

이렇게 결정해보세요

조직을 이끌고 사업을 진행하다 보면 리더가 처음 결정한 내용을 번복해야 하는 상황이 종종 발생합니다. 이때 구성원들은 리더의 일방적인 의사결정 번복에 불신을 갖기도 하고, 일을 다시 해야 한다는 부담을 갖기도 합니다. 분명 조직의 이익 창출과 가치를 높이기 위한 결정의 번복이지만 구성원들로 하여금 신뢰를 잃을 수 있는 요인이 될 수 있기 때문에 2장에서 학습한 '좋은 결정을 위한 요소' 중 리더의 확증편향과 지나친 자신감, 비현실적 낙관주의에 관한 설명을 참고하면서 경험에 대한 성장 마인드 셋을 적용하면 좋습니다.

첫 번째, 리더의 의사결정 번복이 꼭 나쁘다는 생각은 버려야 합니다.

기업의 의사결정 사례를 분석해보면 계획한 대로 사업을 진행한 기업보다 그렇지 않은 기업이 훨씬 많다는 것을 알 수 있습니다. 실제로 여러분의 조직 역시 마찬가지일 것입니다. 이처럼 성공을 예상했던 결정이 실패했다는 것을 알았을 때, 어떻게 대응하느냐에 따라 결과가 판이

하게 달라질 수 있습니다. 더 좋은 결과를 내기 위해서는 용기 있게 빨리 대응해야 합니다. 실제 기업에서 제품을 개발할 때도 초기에 성공한 케이스보다 제품을 만든 후에 고객의 피드백을 받아 빠르게 대응함으로써 고객이 원하는 최적의 상품을 만들어 성공하는 케이스가 많습니다.

최초의 계획과 결정대로 이루어지는 성공은 거의 없습니다. 과감한 결정과 실행 그리고 때에 따라서는 잘못된 자신의 결정을 인정하고, 조직의 미래와 팀을 위해 의사결정을 수정해 최선의 결정을 만들어 나가는 리더만이 조직을 성공으로 이끌 수 있습니다.

그렇기에 리더는 의사결정을 번복해야 하는 상황이 언제나 발생할 수 있다는 것을 인식하고 있어야 합니다. 이런 상황에는 '결정의 번복'이라기보단 '민첩한 보완'이라는 표현이 더 적합하겠습니다. 예측가능성이 낮아진 최근 경영 환경에서는 빠른 결정의 속도를 요구하기 때문입니다. 결정의 질보다 결정의 속도가 조직의 성장에 미치는 영향이 크다는 의미입니다. 그러므로 더 나은 결정을 위해서는 빠르게 잘못된 결정을 멈출 수 있어야 합니다.

의사결정의 번복과 관련된 가장 큰 문제는, 잘못된 결정인 것을 알면서도 리더의 확증편향 때문에 본인의 결정이 옳다는 것을 어떻게든 증명하려는 것입니다. 결정을 번복하면 자신의 잘못을 인정한 꼴이 되어 비난받을 것이 두려워 번복하지 않는 리더도 있습니다. 그러나 잘못된 의사결정을 계속 추진하는 것은 가장 나쁜 리더의 행동입니다. 어떤 의사결정이라도 오류를 가질 수 있음을 깨달아야 합니다.

"더 나은 결정을 내리기 위해서는 좋지 못한 결정을 밀어붙이지 말아야 한다."

- 스펜서 존슨 Patrick Spencer Johnson

스펜서 존슨은 더 나은 결정을 내리기 위해서는 먼저 잘못된 결정의 추진을 멈춰야 한다고 이야기합니다. 잘못된 결정이라는 인식이 들면 즉시 멈추고 결정을 번복해야 합니다.

두 번째, 결정을 번복할 때 중요한 요소는 합리성과 취약성입니다.

다음은 리더의 잘못된 의사결정 번복에 대해 이야기하는 구성원들의 인터뷰 내용입니다.

"상사가 정치적인 상황 변동에 따라 의사결정 방향을 자꾸 바꿔서 실무 일이 많아집니다."

"많은 시간을 들여 회의와 토론을 통해 최종안을 확정해 보고했는데 상위 리더가 독단적으로 변경해서 일방적으로 통보합니다."

"본인의 감정과 기분에 따라 의사결정을 번복하니 도대체 고객 대응을 제대로 할 수가 없어요!"

"분명 문제가 될 소지가 충분해 보임에도 끝까지 본인의 결정대로 밀고 나가는 바람에 결국 문제가 생기고 그때서야 결정을 번복합니다. 결정 번복에 따른 수습은 다 실무진의 몫입니다. 이렇게 쓸데없이 힘을 빼야 할 때 힘듭니다."

"리더의 의사결정과 관련해 어떤 어려움을 겪고 있습니까?"라는 질문에 많은 구성원들이 불합리한 결정의 기준과 번복을 지적했습니다. 리더가 일관된 결정기준 없이 자신의 기분에 따라 일방적이고 주관적인 판단을 내린 후에 이를 번복한다면 구성원들은 결정을 실행하고 성과를 내는 데 몰입할 수 없습니다. 리더의 의사결정은 '합리적'이어야 합니다. 조직의 이익과 환경변화에 따른 의사결정 번복이라면 구성원들도 충분히 이해하고 따를 수 있습니다. 하지만 위의 내용처럼 정치적 이익, 개인의 이기심, 독단적인 결정으로 인한 번복은 구성원들로 하여금 실행에 대한 몰입도와 리더에 대한 신뢰까지 떨어뜨리는 주 요인이 됩니다.

리더의 의사결정 번복이 합리성을 갖기 위해서는 2장에서 이야기한 '꼭 필요한 원칙과 기준'에 부합해야 합니다. 의사결정을 번복하는 이유가 조직의 가치관과 일치하고, 고객과 업무의 가치를 동시에 높여주는 것이라면 구성원도 공감하고 따를 것입니다.

이렇게 결정 번복에 대한 합리적인 이유를 찾았다면, 리더는 이것을 구성원과 명확하게 소통해야 합니다. 평소 구성원들과 원칙과 기준에 대해 소통해 온 리더라면, 자신이 의사결정을 바꾸게 된 이유를 구성원에게 잘 설명할 수 있을 것입니다. 결국 합리적인 의사결정을 위해서 중요한 것은 결정의 번복이 아닌, 원칙과 기준에 대한 구성원과의 소통인 것입니다.

결정의 번복보다 더 위험한 것은 리더가 임의의 기준에 따라 결정을 번복하고, 이를 독단적으로 추진하는 경우입니다. 이때 필요한 것은, 합리적인 결정을 내리기 위해 노력하는 리더라고 해도 언제든 잘못된 결정을 내릴 수 있다는 '취약성'을 인정하는 것입니다. 잘못된 결정을 내렸을 때 자신의 취약성이 드러날까 봐 변명을 해서는 안 됩니다. 필요한 것은 솔직한 인정과 설명 그리고 구성원 입장에서의 공감입니다. 따라서 결정의 번복으로 인해 책임을 함께 나눠야 하는 구성원들의 노고를 인정해줘야 합니다. "당신이 얼마나 고생했는지 다 알고 있다."와 같은 리더의 솔직한 공감은 애쓴 결과가 무용지물이 됐다고 느끼는 구성원에게 큰 위로가 될 것입니다. 이렇듯 리더가 자신의 잘못과 취약성을 인정하고 구성원과 함께 문제를 해결해 나가고자 할 때, 구성원은 감동을 느끼고 리더의 결정에 기꺼이 기여하고 싶어할 것입니다.

우리가 의사결정과 관련하여 꼭 명심해야 할 것은 아무도 완벽한 결정을 할 수 없다는 것입니다. 따라서 훌륭한 리더란, 잘못된 의사결정을 알아차렸을 때 이를 용감하게 인정하고 구성원들과의 투명한 소통을 통해 잘못된 결정을 번복하고 올바른 방향으로 실행해 나갈 수 있는 사람입니다.

의사결정을 돕는 NICE Tool 활용법 1. Execute(실행하기)단계 - 실행점검

합리적인 기준을 가지고 결정했다 해도 실행에 옮긴 후 잘못됐다는 판단이 들면 끊임없이 의사결정을 조정해야 하는 시대입니다. 실제 "리더의 의사결정과 관련해 어떤 어려움을 겪고 있는가?"라는 물음에 많은 리더들이 다음과 같이 대답했습니다.

"새로운 트렌드에 대한 고객의 욕구를 반영하기 위해서는 신속한 전략적 의사결정이 이루어져야 하는데, 서로 대립된 의견을 가진 팀원들로 인해 의사결정에 대한 갈등이 생겨 매번 일 처리가 늦어집니다."

"의사결정에 필요한 체계적인 정보와 준거틀이 부족한 상황에서 요구된 일정에 맞춰 촉박하게 의사결정을 해야 하는 경우가 많은데 이 경우 다수의 요구와 기대에 따를 것인지, 대의 명분에 충실할 것인지 판단하기가 어렵습니다."

이를 해결하기 위한 방법 중 하나는 의사결정에 대한 번복기준을 미리 만들어 놓는 것입니다. 대표적인 예가 아마존입니다. 아마존의 제프 베조스는 조직 내 모든 결정을 2가지로 구분합니다. 번복했을 때 치명적인 위기를 불러올 수 있는 Type1의 결정과 변경이 가능하고 언제든 바꿀 수 있는 Type2의 결정, 이 두 가지입니다. Type1의 결정은 한 번 결정하면 돌이킬 수 없기 때문에 심사숙고해야 하는 결정을 의미합니다. 반면, Type2의 결정은 데이터 등 다양한 기준을 가지고 실험하고 변경할 수 있는 결정입니다.

"Type2 결정의 경우, 최고의 결정이 아니었음이 드러나면 이를 수습하기 위해 매달리고 에너지를 투입할 필요가 없습니다. 언제든 문을 열고 되돌아 갈 수 있습니다. Type2 결정은 판단력이 뛰어난 개인이나 소규모 팀원들에 의해서 언제든 빠르게 이뤄질 수 있습니다."

- 제프 베조스(Jeff Bezos, 아마존 CEO)

의사결정을 돕는 NICE Tool 활용법 2. Execute(실행하기)단계 - 시스템화

의사결정 번복에 대해 실망하거나 이를 실패로 생각하는 구성원들을 격려하고 다시 새로운 결정에 참여하도록 돕는 것이 리더의 역할입니다. 이를 위해서는 구성원들로 하여금 이미 진행한 부분에 대해 의미를 찾게 하고 경험이 학습과 성장으로 이어질 수 있도록 도울 수 있어야 합니다. 실수와 실패가 쓸모 없는 일을 한 것이 아니라 배우고 성장할 수 있었던 기회라고 여겨지게 하기 위해서 짚어봐야 할 AAR After Action Review 피드백을 소개합니다.

AAR의 5가지 질문

✓ 얻고자 한 것은 무엇이었는가?

✓ 얻은 것은 무엇인가?

✓ 차이와 그 원인은 무엇인가?

✓ 해야 할 행동은 무엇인가?

✓ 하지 말아야 할 행동은 무엇인가?

AAR은 미국 해군이 2차 세계대전 때부터 꾸준히 시행해 온 사후분석 기법입니다. 실행 결과에 대해 5가지 질문을 던짐으로써, 예상치 못한 결과의 원인을 알고 이를 개선하거나 더 잘하기 위한 무엇인가를 찾을 수 있습니다. AAR피드백을 실시할 때 유의해야 할 점은 결과에 대해 평가하려고 하면 안 된다는 것입니다. 평가관점으로 접근하게 되면 실행과정에서의 이슈나 문제가 왜곡되거나 책임소재에 대한 갈등만 생길 수 있습니다. 따라서 '어떻게 하면 실행경험을 통해 현장의 지식을 발견할 것인가'에 포커스를 맞추고 학습에 집중해야 조직과 개인의 진정한 성장을 만들 수 있습니다.

팀장들의 현실적인 이슈와 의사결정

지금까지 Part1에서는 실제 리더의 결정 상황과 리더의 결정이 어려운 이유, Part2에서는 좋은 결정을 만들기 위한 5가지 질문과 기준, Part3에서는 NICE 결정 프로세스 그리고 Part4에서는 현장 사례를 NICE 프로세스에 접목해보고 다양한 해결 방안을 고민했습니다.

팀장들의 현실적인 고민 해결을 지원하기 위하여 좀 더 다양한 사례를 찾아 분석했습니다. 다양한 방법을 고려하여 선행 자료와의 연계성을 강화하고 현실 적용에 실질적인 도움을 드리기 위해 효과적이고 효율적인 방법을 선택했습니다. 이미 안내자료로 활용되고 있는 『나는 인정받는 팀장이고 싶다』(2019)의 대표 사례 38개와 『나는 팀장이다』(2020)의 대표 사례 47개를 정리했습니다.

책에서 찾아본 팀장들의 연결 이슈

「나는 인정받는 팀장이고 싶다」 2019, 플랜비디자인」 속 사례

No.	상황	제언의 Key Word	결정의 원칙	결정 프로세스
1	상사로부터 인정받고 팀원들의 지지와 신뢰를 잃지 않으려면 어떻게 해야 할까요?	과업과 관계의 균형 유지 방안	협업가치, 참여와 지지	니즈확인
2	일하는 방식이 마음에 들지 않는 팀원은 어떻게 피드백해야 하나요?	일대일 미팅, 피드백 노트 활용법	협업가치, 실행을 통한 결과완성	실행점검
3	내가 생각하는 것과 다른 방식으로 일하는 팀원에게 어떻게 피드백해야 하나요?	피드백 프로세스	협업가치, 업무가치, 실행을 통한 결과완성	실행점검
4	권한 위임 시 불안감이 생깁니다. 어떻게 해야 불안감을 줄일 수 있을까요?	권한의 종류와 범위, 점검	협업가치, 업무가치, 실행을 통한 결과완성	기준확정, 실행점검, 시스템화
5	자기주장만 하고 남을 배려하지 않는 팀원 때문에 팀워크에 문제가 생길 때는 어떻게 해야 하나요?	팀워크 구축	협업가치	문제인식, 니즈확인
6	바쁜 상황인데도 자기의 일이 아니라고 모두 처하는 팀원을 어떻게 관리해야 할까요?	팀워크 구축	협업가치	문제인식, 기준확정
7	팀의 목표를 수립하는 데 고민하고 있습니다. 어떻게 하면 팀의 목표를 잘 세울 수 있을까요?	목표 설정 프로세스	업무가치	계획수립
8	수동적인 팀원들에게 팀 목표를 어떻게 제시해야 할까요?	목표 공유 프로세스	업무가치, 참여와 지지, 실행을 통한 결과완성	계획수립, 실행점검
9	쉬운 업무만 선호하는 팀원들에게 어떻게 어려운 업무를 배분해야 하나요?	조직과 개인차원 고려, 업무의 연속성 확보 및 조직과 개인의 발전 방향	협업가치, 업무가치	문제인식, 니즈확인
10	갓 입사한 팀원이 담당 업무를 바꾸어 달라고 하면 어떻게 해야 하나요?	세대에 대한 이해, 긍정적 의미 공유, 경력개발 과정 등	업무가치 성장마인드 셋	니즈확인, 결정공유

No.	상황	제안의 Key Word	결정의 원칙	결정 프로세스
11	새로 부임한 상사와 프로세스 관리 방법이 다르면 어떻게 조율해야 하나요?	프로세스 관리	업무가치, 폭넓은 관점,	정보수집, 분석, 니즈확인, 기준확정
12	제가 판단하기에는 정말 괜찮은 팀원인데 오해로 인해 저의 상사가 그 팀원을 부정적으로 평가하고 있습니다. 이럴 때 어떻게 해야 하나요?	원내파악, 업무지원, 일상적인 관계 개선 등	고객가치, 업무가치	문제인식, 정보수집, 정보분석, 니즈확인, 옵션도출
13	성과는 좋은데 태도가 나쁜 팀원은 어떻게 리드해야 하나요?	협력의 자세를 인지시킴	고객가치, 참여와 지지	문제인식, 정보수집, 니즈확인, 옵션도출
14	팀장이 보기에 성과가 좋지 않은데, 스스로 그렇게 생각하지 않는 팀원과의 평가 면담은 어떻게 하나요?	성과평가에 대한 인지와 시간	업무가치, 참여와 지지	문제인식, 정보수집, 정보분석
15	의사결정은 언제 하는 게 효과적이죠?	전략적, 전술적, 운영적 의사결정	결정의 타이밍	정보수집, 정보분석, 기준확정
16	의사결정에서 발생하는 갈등은 어떻게 해결해야 하나요?	원인분석	협업가치, 참여와 지지	니즈확인, 옵션도출
17	수동적으로 일하는 팀원은 어떻게 해야 스스로 움직이게 할 수 있을까요?	행동의 출발점 파악, 참여유도, 동기유발 등	고객가치, 업무가치, 심리적 안정감	니즈확인, 옵션도출
18	동기유발을 위해 업무를 통한 개인의 성장을 어떻게 설득력 있게 제시할 수 있을까요?	비전 제시, 개인의 이점 공유 등	업무가치	니즈확인, 옵션도출
19	팀원이 바라는 목표와 조직이 원하는 목표가 다른 상황이라면 어떻게 대응해야 할까요?	시대 이해, 역할과 의무 설명, 가치관 정립 지원 및 관심	고객가치, 협업가치, 업무가치, 참여와 지지	니즈확인, 옵션도출
20	의욕은 높지만 늘 노력이 조금 부족한 팀원은 어떻게 지원하나요?	자기수용성 등 성장지원	취약성의 고리	정보분석, 니즈확인, 옵션도출
21	프로젝트 진행 시 팀원들에게 흐름을 내지 않았던 게 좋은 결과로 이어졌을까요?	신뢰와 진정성의 정서관리	심리적안전감, 성장마인드셋	니즈확인, 기준확정, 결정공유
22	어떻게 하면 외부 환경에 잘 흔들리지 않는 미래 비전을 수립할 수 있을까요?	존재이유와 방향설정 공유	고객가치, 업무가치	니즈확인, 기준확정
23	변화를 이끌어가려고 하는데 다양한 방식으로 팀원들이 저항합니다. 어떻게 대처하면 좋을까요?	변화대응유형, 이유, 이익, 감정관리, 솔선수범 등	폭넓은 관점, 타인생각과 반영	니즈확인, 기준확정, 결정공유
24	인력 효율화 방안으로 팀 내 조직을 재설계해야 합니다. 어떻게 해야 할까요?	조직의 복잡성, 공식화, 집권화 등	업무가치, 협업가치	니즈확인, 옵션도출, 기준확정, 결정공유

No.	상황	제안의 Key Word	결정의 원칙	결정 프로세스
25	팀 내 참 다른 스타일의 파트(워킹그룹), 팀원 재배치로 하나의 스타일을 만들 수 있을까요?	조직설계	협업가치, 업무가치	니즈확인, 옵션도출
26	다른 부서 팀원으로 우리 팀으로 영입하고 싶다면 어떻게 하면 되나요?	비공식적 미팅, 공식적인 조직 계통에 따른 협조 요청 등	협업가치, 업무가치	니즈확인, 옵션도출, 기준공유
27	정말 팀에서 중요한 역할을 하고 있는 팀원이 오늘 퇴직하겠다고 면담을 요청했습니다. 어떻게 설득해야 할까요?	인력확보 및 퇴직관리	외부 감수성, 이성적대응, 취약성의 고리	니즈확인, 옵션도출, 결정공유
28	수평적 조직문화를 강조하다 보니 일이 제대로 진척되지 않고, 서로 책임 미루는 현상이 일어납니다. 어떻게 해야 할까요?	제가 또는 축소, 분산, 명확한 업무화 등	협업가치, 업무가치	니즈확인, 옵션도출, 기준확인, 결정공유
29	똑같은 팀원이라는 생각으로 선배 관계도 때로는 팀원들이 더 불편해하고 서로 관계를 어색합니다. 어떻게 하는 게 좋을까요?	소팀제, 멘토-멘티제도 등	업무가치, 협업가치, 고객가치	니즈확인, 옵션도출, 실행점검
30	성과물을 경험한 팀원으로부터 도움을 요청받았습니다. 팀장으로서 어떻게 대처해야 하나요?	인간보호, 객관적인 판단과 개념 공유	협업가치, 외부 감수성과 이성적 대응, 심리적 안전감,	정보수집, 니즈확인, 결정공유
31	위라벨을 강조하다 보니 서로 비협력적이 된 조직의 단합을 위해 어떻게 하면 좋을까요?	공사영역구분, 새로운 시각제시, 균등 업무 배분, 목표공유 등	업무가치, 협업가치, 독보은 관점, 이성적 대응	니즈확인, 옵션도출, 결정공유
32	저는 어떤 팀장이 되고 싶은 것이고, 현재는 어떤 팀장인지 점검할 수 있을까요?	상위작책자 피드백, 팀원 및 셀프 피드백 등	객관적 자기평가, 타인생각 반영	니즈확인, 니즈확인
33	팀장의 솔선수범은 팀원의 솔선수범과 어떻게 달라야 할까요?	강약점 인식 및 표현, 진정성 바탕, 권한위임 조화	취약성의 고리	문제인식, 니즈확인
34	저에 대한 뜬소문이 돌고 있습니다. 어떻게 대처해야 할까요?	무시, 대면 해결 등	이성적 대응, 객관적 자기평가	정보분석, 정보분석, 옵션도출
35	사내 정치나 익명 종신기 같은 건 꼭 해야 하는 건가요?	비공식 네트워크, 긍정적 관계, 대인관계 스킬 등	협업가치, 업무가치 대응, 외부 감수성,	니즈확인
36	저희 팀원과 다른 부서 팀장이 다름을 벌이는 갈등 상황을 어떻게 해야 할까요?	사실과 상황파악, 대화, 상호합의점 도출 등	협업가치,	니즈확인
37	어떻게 해야 팀원이 시기 저하 없이 유관 부서와의 업무 조율을 잘할 수 있을까요?	갈등관리와 해결원칙의 분리 등	협업가치, 업무가치, 참여와 지지	니즈확인
38	새로 부임한 상무님이 지시한 보고 일자가 2주 후로 다가왔는데 아직 방향도 못 잡고 있습니다. 무엇부터 시작해야 할까요?	상사의 특성 파악, 정기적 미팅, 기타 사항 명료화, 지원요청 등	협업가치, 업무가치	정보수집, 정보분석, 니즈확인, 옵션도출

『나는 팀장이다, 2020, 플랜비디자인』 속 사례 정리

No.	상황	제안이 Key Word	결정의 원칙	결정 프로세스
1	밀레니얼과 Z세대의 성장을 돕는 방법	세대의 특성과 가치관 이해	폭넓은 관점, 외부 감수성, 이성적 대응	니즈확인
2	유능하지만 협업에 서투른 팀원을 리드하는 법	호의문화, 회식문화, 일대일 면담	협업가치, 참여와 지지	니즈확인, 실행점검
3	팀장보다 연차가 높고 나이가 많은 팀원과 함께하는 방법	피드백, 피드포워드	협업가치, 외부 감수성, 타인생각 반영, 참여와 지지	니즈확인, 실행점검
4	다른 팀원들의 의욕을 빠르게 에너지 뱀파이어를 다루는 방법	진단도구, 일대일 코칭, 리더십 트레이닝, Trade	협업가치, 참여와 지지	니즈확인, 옵션도출
5	반대를 일삼는 척 같은 팀원을 이군으로 만드는 법	아이 메시지(상황/행동-감정-이유-조치/희망행동)	협업가치, 심리적 안전감, 취약성의 고리	니즈확인, 옵션도출
6	개인의 가치가 중요한 MZ 세대를 제대로 이끄는 법	일대일 면담, 그라운드 룰,	폭넓은 관점, 외부 감수성, 협업가치	니즈확인, 옵션도출
7	일의 원칙과 융통성 사이에서 팀원의 신뢰를 얻는 법	팀원이 업무진행, 팀장의 설명, 팀장의 기대와 결정의도 공유	고객가치, 업무가치, 참여와 지지	니즈확인, 결정공유, 실행점검
8	누군가는 반드시 해야 하는 일을 지시하는 법	RACI차트	협업가치, 업무가치	기준확정, 결정공유, 실행점검
9	팀장을 건너뛰고 상위 리더에게 보고하는 팀원 관리하는 방법	상위 리더와의 대화	협업가치, 참여와 지지	니즈확인, 옵션도출, 기준확정, 결정공유
10	딱 시키는 일만 하는 팀원을 관리하는 방법	동기부여 면담	협업가치, 업무가치, 참여와 지지	니즈확인, 옵션도출
11	연차만 높고 역량은 따라가지 못하는 팀원을 관리하는 방법	자기인식 - 개선방안 계획 - 육성 및 코칭 - 주기적인 면담을 통한 피드백	업무가치, 심리적 안전감, 성장 마인드 셋, 취약성의 고리	니즈파악, 옵션도출, 실행점검
12	팀장의 권위에 무례하게 도전하는 성과 높은 팀원을 관리하는 방법	관계정의, 합법적 권력과 강압적 권력	협업가치	니즈도출, 옵션도출, 기준확정, 결정공유
13	성과관리의 첫 단추인 목표 설정을 잘하는 법	미션수립, SMART	업무가치	기준확정, 결정공유

No.	상황	제언의 Key Word	결정의 원칙	결정 프로세스
14	팀원의 성과 코칭을 위한 효과적인 모니터링 방법	보고서 요청, 업무공유미팅, 정기적인 면담, 수시면담	업무가치, 실행을 통한 결과완성	계획수립, 실행점검
15	목표 달성과 팀원 성장을 지원하는 실용적인 피드백 방법	Small Talk, GROW 모델	업무가치, 타인 생각 반영, 실행을 통한 결과 완성	실행점검
16	더 높은 성과를 끌어내는 인정과 칭찬 법	구체적, 긍정적 감정과 영향 경험, 공식적 & 비공식적	업무가치, 참여와 지지	실행점검
17	성과를 잘 내지 못하는 팀원의 개선 피드백 방법	기준과 목표확인, 장애요인 확인, 지식과 기술파악, 변화의 의지 등 확인	업무가치, 참여와 지지	실행점검
18	팀원의 성과평가를 공정하고 투명하게 하는 법	평가 및 면담에 대한 지식과 기술 등 학습 확신과 자신감	업무가치, 외부 검수성, 이성적 대응,	실행점검
19	실적이나 경력관리에 관심이 없는 팀원의 평가 면담법	경력관리를 위한 암시, 평가에 대한 진정성	업무가치, 참여와 지지	니즈파악, 실행점검
20	평가에 동의하지 않거나 감정적인 팀원의 평가 면담법	모니터링 체크리스트, 근거자료	업무가치, 참여와 지지	실행점검
21	승진에 대해 예민한 팀원을 현명하게 이끄는 법	투명하고 공유된 일관성	업무가치, 이성적 대응, 참여와 지지	기준확정, 결정공유
22	추가 과업으로 인해 보여주지 못한 팀원 평가법	평가의 합리성 강화, 업무공유, 면담 등	업무가치, 참여와 지지	기준확정, 결정공유
23	수치화하기 어려운 정성 지표 평가 기준을 만드는 법	업무활동, 기대효과의 정량화	업무가치, 참여와 지지	기준확정, 결정공유
24	직급별 업무난이도에 따른 평가 기준을 설정하는 법	공정성, 난이도 가중치	업무가치, 참여와 지지	기준확정, 결정공유
25	MBO를 조정해 달라는 팀원을 대처하는 방법	중간점검, 관찰과 기록 대화에 충실	업무가치	기준확정, 결정공유, 시스템화
26	팀원과 평가에 대한 눈높이가 다를 때 대처하는 방법	피드백 면담의 타이밍 조절	업무가치, 참여와 지지	실행점검
27	핵심성과지표(KPI)가 달라 협업이 안 될 때의 해결법	추론금지, 근거제시, 책임전가 금지, AAR (After Action Review)	업무가치, 협업가치, 업무가치, 참여와 지지	니즈확인, 일선도출, 기준확정, 결정공유, 실행점검

No.	상황	제언의 Key Word	결정의 원칙	결정 프로세스
28	경영 부서 간에 정보를 공유하지 않을 때 풀어나가는 방법	협업정책(NIH정책) 극복	협업가치, 업무가치	니즈확인, 옵션도출, 기준확정
29	회사 규정상 업무협조를 거부할 때 대처하는 방법	비협조적 사람 규정 등 환경요인	협업가치, 업무가치	니즈확인, 기준확정, 실행점검, 시스템화
30	사내 갑(甲) 부서에 원하는 것을 쉽게 설계 얻는 방법	협업 ARCS	협업가치, 참여와 지지	니즈확인, 옵션도출
31	협력하여 작성한 보고서, 발표자만 인정받을 때 대처하는 방법	협업지수 평가	협업가치, 참여와 지지	니즈확인, 옵션도출
32	팀 내 파트 간 이기주의를 극복하는 법	사일로 현상 극복	협업가치, 참여와 지지	니즈확인, 옵션도출
33	MZ세대를 팀원세로 만드는 권한 위임 방법	허시와 블랜차드 성숙도 이론에 따른 유형별 대응	업무가치, 참여와 지지	니즈확인, 옵션도출
34	성과를 내는 팀장의 역할과 팀원들과 업무를 나누는 방법	폐기, 유지, 추가할 것 List Up	업무가치, 협업가치, 참여와 지지	니즈확인, 기준설정, 결정공유
35	진상 고객을 서툴게 대하는 팀원에 대한 성장지원 방법	교정적 피드백(Behavior, Effort, Expectation)	고객가치, 업무가치, 성장마인드셋	니즈확인, 실행점검
36	업무능력 부족 등과 같은 팀원들의 문제를 해결하는 방법	문제의 원인파악(교육부족, 권한위임, 교육훈련 방식 등) 권한위임의 방해요인 점검	업무가치, 참여와 지지	문제인식, 옵션도출, 실행점검
37	사소한 문제까지 해결을 원하는 MZ 세대 팀원을 이끄는 법	작은 성공전략, 자율성 인정	업무가치, 외부 감수성, 이성적 대응	니즈파악, 옵션도출
38	일의 목적과 의미, 배경 설명까지 묻는 팀원을 원하는 방법	골든 서클(Why - How - What)	업무가치, 참여와 지지	니즈파악, 결정공유
39	의견도 없이 보고하는 팀원을 주도적으로 만드는 방법	원인, 적극성 강화 방법	업무가치, 참여와 지지	실행점검
40	업무를 자기 생각대로만 하는 팀원 관리하는 방법	중간보고 적극 활용법	협업가치, 업무가치, 참여와 지지	실행점검
41	상사를 설득하기 위한 효과적인 보고 법	결승전/두괄식(두괄식 - 근거 - 대안)	업무가치	결정공유

No.	상황	제언의 Key Word	결정의 원칙	결정 프로세스
42	침묵으로 일관하는 팀원의 이견을 끌어내는 방법	Facilitation, 회의운영 Diet	업무가치	옵션도출
43	상사의 모호한 지시를 구체화하는 법	빠른 초안 보고와 방향 맞추기, 질문을 통한 지시구체화;업무지시를 전략적 관점에서 파악	협업가치, 업무가치	정보분석, 니즈확인
44	업무를 다르게 요구하는 두 상사에 대처하는 방법	장기적인 인물, 정공법	협업가치, 업무가치	니즈확인, 옵션도출
45	상사의 지나친 요구에 대응하는 법	상사의 니즈 파악, 목표 파악, 의도를 반영한 지원활동	협업가치, 업무가치	니즈확인, 옵션도출
46	입장 차이가 다른 팀과의 업무 조율법	모든 가치의 최적화, 접적 양적 조화, 전 문성과 정공법	협업가치, 업무가치	니즈확인, 옵션도출
47	사내 사적인 모임에 대처하는 방법	공과 사의 구분, 서로에 대한 충분한 이해와 신뢰 형성	협업가치, 업무가치	니즈확인

현실이슈와 결정의 원칙

현업 리더의 고민들은 대부분 고객 가치, 협업 가치, 업무 가치 등의 의사결정 원칙과 관련되어 있음을 확인할 수 있습니다. 또한 가치를 구체화하고 실행시키기 위해서는 동료들의 참여와 지지를 받아내는 것이 중요하다는 공통점을 찾았습니다. 이러한 가치가 좋은 결정으로 이어지기 위해서는 리더에게 폭넓은 관점, 외부 감수성과 이성적 대응, 편견에서 벗어난 정보탐색과 분석, 다른 의견의 반영 등이 필요하다는 것도 확인되었습니다.

이에 반하여 상대적으로 심리적 안전감, 성장 마인드 셋, 취약성의 고리 등의 문화적인 요소들은 표면에 많이 드러나지는 않고 있습니다. 이는 중간 리더가 소속 조직의 문화를 주도적으로 형성한 주체가 아니기 때문인 것으로 파악됩니다. 아직 C-level 임원을 보좌하는 입장으로 직접적인 영향력은 없다고 할 수 있지만, 일정 부분에서는 팀의 분위기를 만들어가는 주체이기도 하며, 이는 어느 순간에 갑자기 만들어지는 것이 아니기 때문에 현장 리더들이 지속적으로 풀어가야 할 미션이기도 합니다.

현실 이슈와 결정 프로세스

프로세스 측면에서 대부분의 사례들은 동료(상사 혹은 팀원)의 니즈확인과 이를 충족하고 새로운 단계로 발전하기 위한 옵션도출 부분에 가장 많이 집중되어 있는 것을 확인할 수 있습니다. 그 다음으로는 결정된 사항을 공유하는 프로세스와 현장의 실행점검과 관련된 이슈가 많이 발견되고 있습니다.

각 이슈를 단계별로 분석한 이유는, 문제인식은 리더 혼자 하는 것으로는 충족되지 않기 때문입니다. 리더는 동료(상사 혹은 팀원)들도 상황과 문제에 대한 인식을 같이 할 수 있도록 도와줘야 합니다. 정보수집, 정보분석, 니즈확인의 단계는 개인마다 시각차이가 클 수 있습니다. 따라서 리더가 가질 수 있는 근시안적 사고와 편견에서 벗어나려는 노력이 필요합니다.

옵션도출도 리더가 혼자 모든 것을 만들어 내야 하는 단계는 아닙니다. 동료와의 사이에서 발생하는 다양한 의사결정의 상황에서 상대방도 적극적으로 옵션을 도출하도록 독려해야 나중에 실행에도 참여와 지지를 유도할 수 있습니다. 기준을 확정하는 단계를 거쳐, 함께 실행해야 하는 동료들에게 결정을 공유하는 단계는 이후에 성과를 함께 만들어 가는 중요한 단계입니다. 이때 여러분의 결정은 절차적 정당성을 확보하면서 힘을 받게 됩니다.

끝으로 현장 리더는 실행을 점검하고 관리하는 사람입니다. 나는 위임형 리더라고 생각하지만, 실제로는 방임형 리더일 수도 있습니다. 조직에서 리더가 현장을 방치하고, 실행 점검의 책임자도 명시하지 않는 경우에는 리더의 역할을 다했다고 할 수 없습니다.

[정리하며]
리더는 결정으로 말한다

자료 수집을 위해 만났던 리더 중 상당수가 결정 자체에 두려움을 호소하였습니다. 보통 신임팀장은 실무역량이 높은 인원 중 어느 정도 리더십을 갖춘 사람이 됩니다. 그런데 기존의 이들은 결정된 사안을 실행하는 능력은 탁월하지만, 새로운 문제가 주어졌을 때 스스로 의사결정을 하는 것에는 아직 서툰 경우가 많습니다. 리더로서 뭔가 현명하고 탁월한 비책을 내놓고 싶은데, 어느 것 하나도 만만한 문제가 없기 때문입니다. 팀원일 때보다 일에 대해 고민하는 시간은 훨씬 늘었는데, 오히려 일의 처리 속도는 더 떨어진 자신을 발견하기도 합니다. 팀원들이 올려둔 결재판(요즘은 전자결재로 많이들 처리하기도 하지만)이 점점 쌓여가는 것을 보면서 '돌파구를 찾고 싶다'는 생각을 하는 것마저도 사치처럼 느껴질 만큼 무언가에 쫓기는 듯한 기분이 들었던 적이 한두 번씩은 있었을 것입니다.

반대로 이러한 팀장들을 바라보는 구성원들, 즉 팀원들도 답답하기는 마찬가지입니다. 같은 팀원이었을 때는 함께 이야기도 많이 나눴는데, 팀장이 되더니 급격히 말수가 줄어들고 혼자 골똘히 고민만 하는 모습이 왠지 낯설게 느껴지기도 합니다. 업무지시를 할 때는 급하다고 해서 빨리 결재를 올렸는데, 며칠째 아무런 대답도 없는 팀장을 보다가 "지난번에 올린 결재는 어떻게 할까요?'라고 물어볼까…' 고민하는 팀원들. 또 어떤 경우는 최종결정을 한 것에 대해 "왜 그렇게 했어?"라고 반문하면서 야단치는 팀장의 모습을 보면서 좌절하는 팀원들.

어떻게 하면 리더들의 고민을 덜어주고, 함께 하는 팀원들과 상생할 수 있을까요?

우리가 제시하는 결정의 원칙과 프로세스는 리더들에게 주어지는 수많은 문제 앞에서 좀 더 합리적인 결정을 하도록 돕기 위한 것입니다. 타인을 이끄는 사람들의 결정은 자신과 함께 하는 많은 사람들의 인생에 영향을 미칩니다. 그래서 결정은 리더에게 주어진 힘든 의무임과 동시에 권리입니다.

리더는 결정으로 말하기 때문입니다.

어느 날, 선물같이 찾아온
내 인생의 '결정'

서로 몰랐던 사람들이 모여 1년을 꼬박 결정에 대한 이야기만 나눴습니다. 함께하면서 미처 생각하지 못했던 경험들이, 생각들이 쏟아져나왔습니다. 내 생각과 조금 다르더라도 수용했습니다. 대신, 치열하게 논의했습니다. 그렇게 결정된 사항에 대해서는 모두가 따르기로 결정했습니다. 사실 연구주제를 정하던 그날부터, 아니 프로젝트에 참여한 순간부터 우리의 결정은 이미 시작되었습니다. 그렇게 이 책이 나왔습니다.

Part1부터 Part4까지는 현실 팀장님들을 돕고 싶은 마음 하나로 서로 머리를 맞대고 고민한 내용이라면, 마지막 장인 Bonus book은 저자들이 각자 자신의 결정에 대한 이야기를 담아냈습니다. 우리는 인생에서도 수많은 결정을 합니다. 이때, 나와 비슷한 결정의 순간을 맞은 누군가의 이야기는 힘이 되기도 하고, 위안이 되기도 합니다. 그리고 결정의 순간에 어떤 선택을 해야할지 약간의 팁도 얻을 수 있습니다. 이 장은 여러분에게 그런 역할을 할 수 있기를 바라며 다음과 같이 구성했습니다.

| 삶에서 가장 잘한 결정 | "취업을 포기하고 강사를 선택하다" 노아Noah |
| | "그때보다 지금이 더 좋은, 결정" 토니Tony |

삶에서 가장 잘한 결정
"취업을 포기하고 강사를 선택하다" 노아Noah
"그때보다 지금이 더 좋은, 결정" 토니Tony

삶을 줌 인하여 바라본 결정
"오늘 나는, 나를 위해 어떤 결정을 할 수 있을까?" 치로Chiro

일상 속 섬세한 순간의 결정
"주말에만 잠깐 있다 가는 사람이 왜 그렇게 의견을 많이 내?" 테리Terry
"다시 그 길 위에서" 린다Linda
"회사야? 업이야?" 제임스James

마지막, 우리 모두에게 묻는 질문
"결정의 순간, 누가 결정의 주인이었을까?" 크리스Chris
"오늘, 어떤 결정을 하고 싶은가요?" 수Su

우리는 살면서 매 순간 결정을 합니다. 인생에서의 결정은 삶이 끝나는 그 시점까지 언제나 현재진행형입니다. 주요한 인생의 갈림길에는 늘 삶의 흐름을 바꾸는 결정이 있습니다. 그 결정이 후회될 때도 있고, 잘했다고 생각될 때도 있습니다. 노아와 토니는 삶의 수많은 결정 가운데 엄지손가락을 치켜세울 만큼 잘한 결정에 대해 이야기합니다.

노아는 13년 전 취업을 포기하고 강사가 되기로 결심한 그 순간을 인생 최고의 결정으로 꼽았습니다. 당시에는 그 결정이 성공으로 향할지 그 누구도 가늠할 수 없었을 테지만, 노아는 자신의 결정을 믿었고 결과적으로는 대단히 성공적인 결정이었다고 말할 수 있게 됐습니다. 현실 팀장들을 돕기 위해 필드에서 열심히 뛰고 있는 지금도 종종 13년 전 그 결정에 감사한다는 노아의 말은, 우리 인생에서 결정의 중요성을 다시금 생각해보게 만듭니다. 토니는 굉장히 로맨틱한 결정에 대해 이야기합니다. 그리고 그 결정이 시간이 지날수록 더욱 빛나는 최고의 결정이었다고 말하고 있습니다. 우리는 살면서 실로 수많은 결정을 하지만, 그 중에서 최고였다고 말할 만한 결정은 얼마나 될까요? 여러분의 삶에 있어 가장 최고의 결정은 어떤 것이었는지 한 번쯤 생각해봐도 좋겠습니다.

치로는 삶을 줌 인하여 바라봅니다. 치로는 변화무쌍한 현실에서 대기업의 인사부서에서 일을 하다 보니 참 바쁩니다. 퇴근 후에 집에서 일을 처리하는 것도 일상입니다. 맞벌이 부부이다 보니 사랑하는 아이의 등하원을 챙기고, 아내와 집안일을 나눠 합니다. 아내가 출근하는 토요일은 홀로 아이를 돌보기도 합니다. 특히 2020년은 누구나 그렇듯 코로나19로 인해 삶의 물리적 강도와 하중이 2배로 증가한 듯한 삶을 살았습니다. 이런 삶 속에서도 치로는 글을 쓰기로 '결정'했습니다. 그리고 여전히 코로나19로 힘든 상황에서도 이 책의 북콘서트를 기다리는 사람들을 상상하며 책 쓰는 일에 온 힘을 쏟았습니다. 그리고 마침내 이 책이 나왔습니다. 이 모든 것은 일상의 작은 결정에서 시작됐습니다.

그리고 치로는 글을 통해 우리에게 묻습니다.

"결정하며 살 것인가? 삶이 요구하는 현실적 상황에 끌려다니며 살 것인가?"

아무 생각도 할 수 없을 것만 같은 너무나도 바쁜 일상에도 결정의 순간은 끊임없이 우리를 찾아오고, 우리는 반드시 결정을 해야만 합니다. 그때 우리는 어떤 결정을 할 수 있으며, 그 결정을 삶에 잘 담아낼 수 있을 것이지 한 번쯤 스스로에게 질문해보시길 바랍니다.

치로가 자신의 결정을 다른 관점으로 바라봤다면, 테리, 린다, 제임스는 우리 일상 속으로 좀 더 섬세하게 들어옵니다.

먼저 린다의 이야기부터 들여다보겠습니다. 린다는 나눔과 사랑을 실천하며 살아가고자 결정했다가 불쑥불쑥 찾아오는 반대되는 생각들로 힘들어 했습니다. 그러다 깨달음을 얻고, 마음을 굳게 먹으며 다시 제 길을 가기로 결정합니다. 우리는 결정을 한 후에 '이 결정이 과연 맞는 길인가?' 되묻곤 합니다. 그리고 오랜 숙고 끝에 다시 결정의 순간을 마주하게 됩니다. 린다는 처음의 결정이 틀리지 않았음을 깨달았고, 그 결정을 꿋꿋이 이어가기로 했습니다. 우리의 결정은 완벽하지 않을 수 있습니다. 중요한 건, 처음부터 완벽한 결정을 내리는 게 아니라, 결정을 번복하더라도 옳은 길을 가는 것입니다. 지금 여러분의 결정은 옳은 길로 가고 있나요?

테리는 좀 더 삶으로 들어와 사랑하는 가족들과의 일상에서도 결정해야 하는 상황이 있다는 것을 우리에게 알려줍니다. 주말가족으로 살아가는 테리의 결정을 읽다 보면 절로 웃음이 납니다. 책을 쓰는 내내 테리는 나인팀에 그런 사람이었습니다. 생각하면 즐겁고, 만나면 행복해지고, 헤어지면 또 보고 싶은 사람. 그 사람의 결정을 보면 그 사람의 삶이, 그 사람이 보입니다.

테리와 함께 나인팀의 윤활유 역할을 했던 제임스. 제임스를 또 보고 싶어하는 사람은 있어도 한 번만 보고 싶은 사람은 없다는 보석같은 사람입니다. 매순간 최선을 다하고 섬세하게 사람들을 배려하고 살피는 제임스는 구조조정을 감당하며 지나왔던 일상을 소개합니다. 그 시간들을 보내며 프레임이 바뀐 계기가 된 결정을 소개합니다.

그런가 하면 메타결정에 대한 내용도 있습니다. 보통 '결정을 위한 결정'이란 의미로 사용되지만, 여기서는 결정 너머에 있는 기본적인 본질에 주목해보겠습니다. '메타meta'는 '보다 높은higher', '넘어beyond'의 의미를 가지고 있습니다. 크리스와 수는 보여지는 결정 이면의 결정, '메타결정'을 들여다보게 합니다.

먼저 크리스의 이야기를 살펴보겠습니다. 크리스는 가장 나인팀답지 않을 것 같으면서도 가장 나인팀다운 멤버였습니다. 크리스를 제외한 나머지 여덟 명은 인사팀이나 HRD업무를 하거나 그런 사람들을 돕는 일을 직업적으로 하는 등 어떤 형태로든 사람과 관련된 일을 합니다. 반면, 크리스는 감사/진단audit을 담당하는 부서의 팀장입니다. '감사audit 일을 하는 분이 현실 팀장을 돕는 일을 할 수 있을까?'라는 모두의 첫 질문은 기우에 불과했습니다. 현실 팀장의 입장을 대변하는 것은 물론, 감사audit 업무를 하면서 보아온 결정의 리스크를 누구보다 더 잘 이해하고 있었습니다.

무엇보다 크리스는 '내 인생의 결정'에 관한 질문 앞에서 결정 이면에 대해 질문합니다. 결정하며 살아가는 우리 모두가 꼭 생각해봐야 할 질문입니다.

"누구를 위해 결정하며 살고 있나요?"

우리는 수많은 역할을 감당하며 인생을 살아갑니다. 어쩌면 살아오면서 했던 수많은 결정들이 나보다는 조직이나 가족을 먼저 떠올린 결과일지도 모릅니다. 앞으로도 우리는 그런 결정을 하며 살아갈 겁니다. 그러나 내가 희생되거나 내가 없어지는 결정이 아니라 나도 함께 행복해지는 결정을 할 때, 우리는 이후의 삶에서 더 나은 결정을 할 수 있게 됩니다. 나인팀에 합류하기로 한 우리의 결정은 그런 결정이었습니다. 이 결정으로 저자들은 모두 저마다의 대가를 치렀습니다. 그러나 그 결정은 우리를 행복하게 했고, 동시에 우리가 속한 조직을, 이 글을 읽는 독자를 행복하게 하기 위해 매 순간 써 내려갔습니다. 여전히 아쉽고 부족한 부분이 있습니다. 그러나 그것은 각자의 삶으로 메꾸려고 합니다.

마지막은 수의 결정입니다. 수는 오늘 당장 어떤 결정을 할 것인지 질문합니다. 매일의 결정이 우리의 내일을 디자인합니다. 결정하지 않는 삶은 없습니다. 다만, 때로는 그 결과가 좀 천천히 오고, 때로는 그 결과가 다른 여러 결정들과 결합하여 예상치 못한 모습으로 다가올 뿐입니다. 중요한 것은 살아가는 동안 매일 다른 미래를 결정할 순간들이 주어진다는 사실입니다. 그러니 더 나은 내일을 만나고 싶다면, 자책을 멈추고 결과로부터 배우며, 오늘 더 나은 결정을 하면 됩니다.

결정은 어느 날 생각지도 못한 순간에 선물같이 우리를 찾아옵니다.

이제, 어떤 결정을 해 볼까요?

"어떻게 하면 감명받은 내용을 사람들에게 잘 전할 수 있을까?"
노아(Noah)의 결정: 취업을 포기하고 강사를 선택하다.

'내 인생의 중요한 결정'이라는 주제로 제 인생을 돌이켜 보니 무수히 많은 결정의 순간들이 주마등처럼 스쳐 지나갑니다. 그리고 그 중 제일 중요한 결정을 하나 선택하라고 한다면 저는 대학교 4학년 때 취업을 포기하고 강사로 도전했던 순간이라고 말하고 싶습니다. 만약 그때 강사로 도전하지 못했다면 저는 지금처럼 사람의 성장을 돕는 HRD가 아니라 농촌의 아름다운 미래를 밝혀주는 농촌지도사의 길을 가고 있었을지도 모르기 때문입니다.

저의 대학 전공은 '조경과 원예'입니다. 대학교 4년 동안 식물과 나무, 도시설계를 공부했고 관련 분야에 취업하기 위해 기사 자격증도 취득했습니다. 대학교 4학년 봄에는 어느 정도 준수한 스펙으로 '농촌지도사'의 길을 갈지, 농업과 관련된 대기업에 취직을 할지 2가지 선택안을 가지고 고민했습니다. 그러나 놀랍게도 현재 저는 전공과 전혀 관계없는 HRD를 업으로 삼고 있습니다.

처음엔 HRD라는 분야를 알지 못했지만, 대학교 1학년 때 도서관에서 우연히 자기계발 서적인 나폴레옹 힐의 '성공학 노트'를 읽은 후로 성장의 의미와 가치를 깊이 느끼고 대학생활 내내 자기계발서를 읽으며 실천하는 데 빠져 살았습니다. 토니 로빈스의 '네 안에 잠든 거인을 깨워라', 스티븐 코비의 '성공하는 사람들의 7가지 습관', 나폴레옹 힐의 '인생

수업' 등을 읽고 감명받은 내용을 다른 사람들에게도 알려주면 좋겠다는 생각이 들어 대학교 3학년 때부터는 여러 형태(자정세미나: 자정부터 2시까지 이어진 자기계발스터디, 성공습관만들기: 100일동안 성공루틴 연습 등)의 교육을 만들어 운영하기 시작했는데 교육을 통해 학생들이 성장하는 것을 보며 '이 일이야말로 참 의미있고 가치있는 일이다'라는 생각을 하게 됐습니다.

하지만 대학교 4학년이 되면서 취업 고민을 안 할 수가 없는 상황이 됐고, 결국 그동안 준비해 온 '농촌 지도사'가 가장 좋은 선택안이라는 생각에 취업 준비를 이어나갔습니다. 그런데 시간이 지날수록 농촌지도사의 삶보다 사람들의 성장을 도와주는 강사의 삶이 더 의미있고 가치있다는 생각이 들었고, 결국 부모님께 서울로 올라가 동기부여 강사가 되고 싶다고 저의 결정을 말씀드렸습니다.

그리고 3일 후 동기부여 강사의 비전을 품고 수원으로 가는 기차를 탔습니다. 서울이 아닌 수원행 기차를 탔던 이유는 수원에 계시는 고모가 2달간 방을 빌려줄 수 있다고 했기 때문이었습니다. 그렇게 13년이 지나 현재 저는 기업에서 리더십강의와 과정개발 컨설팅과 함께 사람들의 실제적인 성장을 돕는 HRD 일을 하고 있습니다.

저는 가슴 뛰고 가치있는 일을 하고 싶었고 그 일이 강의라고 생각했습니다. 그래서 13년 전 그 결정에 대해 저는 늘 감사하며 살고 있고 제 인생에서 가장 잘한 결정이라 생각합니다.

조금은 무모했지만 그 당시 자신있게 결정을 내릴 수 있었던 것은 '강의'를 하는 것이 '농촌지도사'로서 살아가는 것보다 스스로에게 미션과 비전을 가지게 하며, 가치를 만들 수 있으며, 옳은 일이라는 저의 생각에서 비롯된 일이라고 믿으며 살아가고 있습니다.

저자 노아(Noah)는…

리더의 자리에 있는 사람은 누구나 사람에 대한 기본 지식을 가지고 있어야 하며, 구성원이 몰입하여 즐겁게 일할 수 있도록 돕는 사람이어야 한다고 믿습니다. 리더들이 이러한 자신의 역할을 잘 할 수 있도록 연구합니다. LG, 한화, 하이트진로, 동원, 이디야 등 다양한 조직 현장에서 리더들이 '진짜 리더십'을 발휘하도록 돕는 일을 해오고 있습니다.

인생의 주요 갈림길에서 그녀를 만나다

토니(Tony)의 결정: 그때보다 지금이 더 좋은, 결정

제 인생에서 가장 결정적인 순간이 언제였을까 생각해 보니 여러 장면이 떠올랐습니다. 그 중 가장 선명한 장면은 아내와 결혼을 약속한 때였습니다.

처음부터 순탄하지는 않았습니다. 주위의 반대도 있었고, 경제적으로 가진 것도 없었기에 결혼을 한다는 것이 그저 꿈같은 일이었습니다. 마음이 여린 (당시)여자친구는 "이렇게 힘들어 하지 말고, 그만 하자"고 했습니다. 그리고 얼마 지나지 않아 병역특례 중 한 달동안 논산훈련소에 입소하게 되었습니다. 가까이 있어도 마음을 돌이키기 힘든 상황에 멀리서 연락조차 자유롭게 할 수 없는 상황이 되니 더 안타까웠습니다. 핸드폰도 이메일도 할 수 없어 그저 하늘에 편지를 띄웠습니다. 불침번을 설 때마다 창밖으로 보이는 달을 보며 빌었지요. '허락해주신 사람이 그녀가 맞다면 저도, 그녀도 이 기간 동안 확신을 갖게 해주세요'라고.

퇴소하면 용산역에서 만나자는 약속을 했습니다. 짧은 머리를 하고 역에 먼저 나가 기다리는데, 여러 생각이 스쳐갔습니다. '그녀가 나올까?', '만나면 무슨 말부터 해야 할까?'... 그런데 막상 만나니 서로 웃음만 나왔습니다. 한 달 전에는 무거운 마음으로 만났는데, 그때는 서로에 대한 편안함이 있었습니다. 둘 다 짧은 기다림의 시간을 통해 주위의 반대나 경제적인 이유는 핑계일 뿐이고, 무엇보다 중요한 것은 서로에 대한 사랑과 확신임을 깨달았던 것입니다.

결혼 15년차. 지금도 아내는 같이 걸어갈 때 손을 쉽게 허락하지 않습니다. 제가 몇 번 졸라야 손을 잡을 수 있는데, 그때마다 아내가 묻습니다. "아직도 내가 좋아?" 그럼 저는 능청스럽게 답합니다. "아니… 그때보다 지금이 더 좋아."

세상에 좋은 사람, 안 좋은 사람이 따로 있는 것 같지는 않습니다. 다만 나에게 잘 맞는 사람, 안 맞는 사람이 있을 뿐. 저의 인생에서 가장 결정적인 순간은 나에게 가장 잘 맞는 배우자를 만난 것입니다.

저자 토니(Tony)는…

탁월함과 협업을 중요하게 생각합니다. 조직의 현장에서 HR업무를 통해 이를 실현해가며 동시에 끊임없이 배우고 성찰하는 것을 좋아합니다. 누군가가 정상에 섰을 때 가장 먼저 생각나는 사람으로 기억되고 싶습니다. 그래서 오늘도 탁월함과 협업의 가치를 가슴에 품고 하루를 살아갑니다.

삶은 늘 결정의 연속이고, 우리의 삶은 결정의 결과물과도 같다!

치로(Chiro)의 결정: 오늘 나는, 나를 위해 어떤 결정을 할 수 있을까?

우리는 지금까지 많은 결정을 하며 살아왔다. 앞으로도 그럴 것이다. 그럼 지금의 나는 살아오면서 어떤 결정을 해 온 걸까? 과연 올바른 결정을 했던 걸까? 지나간 시간을 되돌아보면서 '그때 그렇게 결정했더라면..'이라는 후회보다 '그래, 잘 결정한 거야'라는 생각이 드는 걸 보니 결정의 결과는 나쁘지 않았던 것 같다.

그럼 나의 인생에서 가장 중요한 결정은 무엇이었는지 생각해 본다. 사실 살아가는 내내 결정의 연속선상에 있었고, 나를 둘러싼 모든 것들이 나의 결정의 산물이었다. 그런 삶 속에서 중요한 결정 몇 개를 손으로 꼽는 것은 너무도 어려운 일이다. 무엇 하나 중요하지 않았던 결정이 있을까 싶다. 그럼에도 불구하고 지금 이 순간, 내 인생의 중요한 결정을 물어본다면,

난 '나인팀에 합류하겠다'는 그 '결정'을 '선택'할 것이다.

지금 나는 물리적으로 녹록하지 않은 현실을 살고 있다. 행복한 회사 생활이지만, 매번 새로운 과제를 해결해 나가며 평일의 모든 에너지를 업무에 집중하고 있다. 주말에는 공부를 병행하며 사랑하는 아내와 아이와 함께 알차게 시간을 보내고 있다. 그리고 무엇보다 코로나19로 조심해야 할 것도, 관리해야 할 것도 많아지니 삶의 물리적 강도와 하중이 2배로 증가한 느낌이다.

그럼에도 불구하고 난 '나인팀 3기'에 합류를 결정했다. 바쁘고 정신없는 삶이지만, 나인팀을 통해 다른 분야 전문가들의 이야기를 듣고 배우고 싶었다. 생각을 정리하고 싶었다. 앞으로의 삶을 고민하고 싶었다. 그렇게 새로운 세상에 한 발짝 더 나아갈 수 있는 기회라고 생각하여 '나인팀'을 선택한 것이다.

'21년 어느 날, 여전히 코로나19로 마스크를 껴야 하는 상황에서도 그 안에 환한 미소를 머금은 채 나인팀 3기의 북콘서트를 기다리는 사람들을 상상해본다. 모든 순간, 우리의 결정으로 이루어진 그 결과물이 그날, 그 장소에 참석하는 모든 사람들에게, 그리고 우리의 책을 읽게 될 모든 사람들에게 후회없는 결정의 산물이 되어 주기를 기대해본다.

저자 치로는…

글로벌 기업에서 '사람과 관련된 일(人事)'을 합니다. 언제나 꿈을 꾸고 행동하고 즐기고 자신을 사랑하는 사람은 생물학적 나이와 상관없이 청춘이라고 생각합니다. 그리고 그런 삶을 살아가고자 합니다. 주변에 연을 맺는 모든 사람들을 통해 항상 배우는 삶을 살길 희망하며 주변 사람들에게 도움이 되는 그런 사람이 되고자 합니다.

"주말에만 잠깐 있다 가는 사람이 왜 그렇게 의견을 많이 내?"
테리(Terry)의 결정: 주말부부? 아니, 주말가족!

내 인생의 수많은 의사결정을 관통하는 하나의 중요한 결정이 있다. 바로 주말부부의 삶을 선택한 것이다. 주말부부에도 여러 유형이 있다. 결혼 후 함께 지내다 주말부부가 되는 경우와 결혼과 동시에 주말부부가 되는 경우다. 나는 후자에 해당한다. 나의 첫 직장은 포항에 위치했고 아내는 대구에서 근무했다. 이후 나의 직장이 본사를 대전으로, 다시 서울로 이전하게 되면서 현재 우리는 서울과 안산에서 각각 주말부부로 살아가고 있다.

사실 내 경우는 주말부부보다 주말가족에 가깝다. 아이들도 주말에만 만나기 때문이다. 어쩔 수 없이 주말가족이 되기로 결정한 후로 여러 어려움이 있었지만, 무엇보다 가장 아쉬운 건 가족과 함께하는 시간이 절대적으로 부족하다는 것이다. 몇 해 전, 회사 교육과정을 통해 '내 생의 남은 시간'을 계산해 볼 기회가 있었는데, 실로 충격적인 결과에 놀라지 않을 수 없었다. 내 수명이 80세라고 가정할 때 일하는 시간, 잠자는 시간, 자기계발 및 휴식하는 시간을 제외하면 가족과 함께 보내는 시간은 단 몇 개월에 불과했기 때문이다. 단순히 가족과 함께하는 시간이 부족하다고 생각할 때보다 기간으로 산정하여 직시하니 가족의 소중함이 가슴으로 와 닿았다.

주말남편, 주말아빠로 살다 보니 가정에서 웃지 못할 해프닝도 일어난다. 아내와 의견충돌로 갈등을 빚을 때나 아이들을 꾸짖어야 할 때면 다른 집에서는 들을 수 없는 말을 들을 수 있기 때문이다. "주말에만 잠깐 있다 가는 사람이 왜 그렇게 의견을 많이 내?"라는 말이나 "훈만 내는 아빠는 빨리 회사로 갔으면 좋겠어!"라는 말을 들을 때면 가족과 떨어져 지내기로 한 결정이 과연 좋은 선택이었는지 반문하곤 했다.

주말부부로의 삶을 사는 사람들에게는 특히나 극복해야 하는 난관이 있다. 그건 바로 주변 사람들의 과도한 관심과 걱정이다. 아빠와 함께하는 시간이 부족하기 때문에 아이들이 정서적으로 안정적인 성장이 가능한지, 부부가 떨어져 지내면 마음도 멀어질 수 있는데 우려는 없는지 등 진심 어린 조언을 자주 전하기 때문이다. 그럴 때면 나는 함께 보내는 시간의 양보다 질(質)이 더 중요하다는 것을 강조한다. 현실을 후회하는 것보다 주어진 환경에서 최선을 다하는 것이 더 낫다는 것을 잘 알고 있기 때문이다. 비록 나는 주말이나 휴일에만 가족과 함께할 수 있지만 그 시간만큼은 더욱 집중하며 의미 있게 보내려 노력한다. 가족들에게 더 좋은 음식을 만들어 주기 위해 '아빠의 요리강좌' 수업에 참여하기도 했고, 지금도 주말의 모든 식사는 내가 담당하고 있다. 요리 선생님께서 해주신 말씀이 나를 더욱 요리하는 가장으로 만들었다. "지금 배우는 요리는 우리가 더 이상 돈을 벌어오지 않을 때 진가를 발휘할 것입니다." 농담이었겠지만, 가족에게 사랑받고 싶은 아빠들에게 강한 동기부여를 해주는 한마디였다.

나에게 주말부부는 최고는 아니지만 최선의 선택이었다고 생각한다.

그리고 좋은 결과를 만들기 위한 인생의 중요한 결정이었다고 말하고 싶다. 주말부부의 삶을 결정하지 않았다면 나와 아내 둘 중 한 명은 자신의 커리어를 지속할 수 없었을 것이고, 현재의 우리 모습에 만족하지 못했을 수도 있다. 주말부부는 아내와 내가 아이들에게 안정적인 가정의 울타리를 만들어 주기 위해 부모로서 최선을 다하게 만들었고, 아이들에게는 부모가 노력으로 가정을 이끌어가고 있음을 몸소 보여주게 했다. 결국 우리 가족은 누구 한 명의 희생을 바라기보단 서로를 이해하며 응원해주는 방식을 택한 것이다. 지금 우리 가족 모두가 느끼고 있는 이 애틋함은 서로에 대한 배려이자 서로의 노력에 대한 고마움임을 잘 알고 있다.

나와 아내는 가족 공동의 삶과 개인의 삶을 모두 지켜주기 위한 접점을 찾기 위해 노력해 왔다. 지금도 주말부부를 통해 얻은 긍정적인 경험들로 행복하게 성장하고 있다고 믿는다. 그럼에도 우리는 여전히 "향후 우리는 어떤 가정을 만들 것인가?"에 대한 신중한 의사결정을 위해 논의하고 의견을 나눈다. 언젠가 다시 한 번 의사결정을 해야 할 날이 오겠지만, 우리는 지금처럼 서로를 지지하는 최선의 결정을 할 것이다.

저자 테리(Terry)는…

A사에서 Finance & HR Team을 맡고 있습니다. 생각하면 즐겁고, 만나면 행복해지고, 헤어지면 또 보고 싶은 사람이 되고 싶습니다. 듣고 배우고 공감하며, 즐거운 인생에 도전하며 살고 있습니다.

결정에 대한 새로운 결정

린다(Lynda)의 결정: 다시 그 길 위에서

영화 쟌다르크에서 풀 밭에 누워있던 소녀 쟌다르크가 국가를 위기에서 구할 소명을 받고 일어나는 장면을 기억합니다. 햇살이 쟌다르크 위로 비춰이고 잔잔한 바람이 그녀에게로 불어왔습니다. 그 날은 그냥 다른 날과 그다지 다르지 않았습니다. 평범한 사람들의 위대한 결정의 순간은 보통 이렇게 시작됩니다. 나의 경우는 이렇습니다. 그냥 이 기업 교육이라는 영역에서 전문성을 가지고 잘 나가는 사람이 되고 싶었습니다. 돈도 많이 벌고요. 그리고 충분히 그렇게 될 것만 같았죠. 모든 여건이 우호적이었습니다.

그런데 어느 날 갇힌 채 죽어가는 사람들의 이야기를 알게 되었습니다. 그리고 또 배움이 없는 어떤 나라에 학대 받는 여성들이 있다는 것을 알게 되었고, 그녀들의 삶이 기회가 너무 적다는 것을 듣게 되었습니다. 교회를 개척하고 크고 좋은 교회로 성장시켜갈 수도 있지만 교회를 세운 소수의 사람들은 무명하고 작은 공동체로 남고 그렇게 일궈 가기로 결정했습니다. 대신 그 유익을 이런 분들과 감히 함께 나누기로 한 거죠. 나는 그저 평범하고 부족한 한 자연인이지만 이러한 변화를 이루어내기 위해 내 개인의 성장, 부를 축적하는 것 보다는 나의 이익을 이런 분들을 위해 나누겠다고 결정한 그 소명의 밤. '민희야, 네가 여기에 헌신할 수 있겠니?'라는 내면의 음성에 반응한 날, 그 날은 니체가 말하는 그 조용한 혁명의 밤이 되었습니다.

작은 촛불이 하나 방에 켜 있었을 뿐인데도 잔잔한 파동이 널리 널리 아주 멀리 퍼져가는 것을 알 수 있었습니다. 제법 좋은 사람의 대열에 끼게 된 것만 같은 우쭐함도 만끽하고 심장이 하도 뛰어서 아예 심장이 멎어버릴 것 같은 내면의 에너지를 느꼈습니다. 술 한 잔도 안 마셨는데도 말입니다.

그러나 사명의 여정에는 반드시 난국이 나타납니다. 이렇게 걷게 된 여정은 겨우 시작에 불과 했죠. 자아의 죽음과 고난의 시기를 지나야만 하는 것은 정말 너무 아픈 일이었습니다. 간디가 말한 것처럼 생각, 행동이 조화를 이룬 삶의 균형이 깨진 거죠. 시간이 오래 흐르고 많은 일들을 해냈지만 생각, 말, 행동이 통합이 되지 않는 날들이 계속되고 행복하지가 않았습니다. 이 사명의 여정이 짐이 되고 좋은 사람, 뭔가 남다른 삶을 사는 것처럼 보이고 싶은 또 하나의 거짓된 가면 처럼 느껴졌습니다. 긍정적인 에너지는 파괴적인 에너지로 긍휼과 사랑은 분노로 변해갔습니다. 나는 욕심쟁이처럼 변해갔고 계속 내 고생에 대해 보상을 받고 싶었습니다. 관계들은 파괴되고 계속 다른 사람들과 나를 비교하며 괴로웠습니다. 길을 잃었다는 생각이 들었습니다. 이 상태로 몇 년은 그냥 지나 간 것 입니다.

길을 잃었을 때는 손을 내밀어도 도와줄 사람이 나타나지 않습니다. 온통 짙은 안개 속에 있는 것 같죠. 왜일까요? 우리는 스스로를 구원할 수 없습니다. 구원은 정말 누군가의 놀라운 헌신적인 사랑의 힘으로 잡아 당겨 이끌어 내야 가능합니다. 그리고 함께 있어주는 공동체. 어떤 모습도, 어떤 일이 일어나도 그저 묵묵히 그 일상을 정상적으로 지탱하는 힘이 있어야 합니다. 그건 사랑으로만 됩니다. 이 힘은 정말 소박하고 체휼하는 일상에 있죠. 처절한 일상 말입니다. 나는 다시 목적 앞에 서 있을 수 있게 되었죠. 남과 비교하지 않게 되는 힘도 얻게 되고요. 우리는 무엇을 위해 싸우고 있습니까? 과연 나는 지금까지 받은 만큼의 사랑을 되돌려주고 갚을 수 있을 까요?

사명으로의 여정을 다시 걷기로 하면서 몸과 가슴에 새겨진 말들과 사랑을 기억합니다.

리더의 결정이라는 공동 저술 프로젝트에 참가하면서 리더십에 대해 다시 많은 학습과 함께 생각도 하게 되었습니다. 백기복 교수님의 이슈 리더십에서는 포지션 파워에서만 리더의 영향력이 발휘되는 것이 아니라 비즈니스를 성공시킬 수 있는 이슈를 가진 사람이 리더가 됩니다. 일과 사명에 온전히 몰입해 있을 때 그 이슈 중심으로 사람들이 모이기 때문입니다. 어댑티브 리더십에서는 리더에게는 용기가 필요하다는 말과 함께 경계를 허물고 허락되지 않는 권한에 침투해 들어가야 합니다. 사명에 정직한 리더는 때로 그렇게 행동하기도 해야 하는 거죠. 리더십에서 실패를 경험하면서 '포지션이 없을 때도 그 사람의 정체성을 나타내주는 것이야 말로 그 사람의 진정성이다.'라는 윤정구 교수님의 페북에 올리신 글은 정말 저에게 많은 용기를 주었다는 것을 고백합니다. 여기 이런 멋진 말이 있습니다.

"사람들이 시간에 따라 변하는게 아니라, 시간이 그들이 누군지 드러내는 것이다"

지금까지 시간이 나에 대해 드러내준 정직한 발가벗김에 대해 이제는 다시 시간이 내가 얼마나 이 길에서 사명을 지키기 위해 노력했고 또 사람들을 사랑했는지 드러내 주길 간절히 기대합니다.

저자 린다(Lynda)는…

기업에서 HRD 일을 합니다. 사명을 소중하게 생각하며 일상에 성실함을 담습니다. 진실하고 따뜻한 사람들 그리고 그들과 함께하는 와인을 애정합니다. 일에서는 치열하고 탁월하되 삶에서는 사랑하고 나누며 살기를 바랍니다. 평생 학습하고 나누며 살고 싶습니다

"넌 회사야? 업이야?" 일상에 갑자기 던져진, 관점을 바꾸는 결정

제임스(James)의 결정: 직장에서 직업으로

평생 직장.

MZ세대들과 이 주제로 이야기를 나누다 보면 너무나도 다른 생각을 하고 있음을 알 수 있다. '평생 직장'을 생각해 본 적이 있을까? 아니, 생각할 수조차 있을까?

7년 전 내가 몸담았던 조직의 한 사업부가 그룹 전략실의 사업 철수 결정과 함께 바람과 같이 사라졌다. 당시 선배와 나눴던 대화가 떠오른다. "차장님, 만약 우리한테 그런 순간이 온다면 직무를 버리고 회사를 선택하겠어요? 아니면, 하고 있는 업을 선택하겠어요?" 그때 나는 1초의 주저함도 없이 조직을 선택한다고 했다. 하지만 지금, 그렇게 '평생 직장'이라 여겼던 나의 첫 회사를 떠난 지 벌써 4년이 넘어가고 있다.

대리-과장 시절, 그룹과 회사의 신입사원 입문교육을 담당했다. 소위 '파란 피'를 생산하는 막중한 그 역할을 천직이라 생각하며 조직과 업에 온전히 몰입되어 있었다. 나를 위해 살고 있는지, 그저 회사를 위해 살고 있는지 구분하기도 힘들 정도로 무엇에 홀린 듯 그 시간을 보냈다. 사실 나의 1순위는 그토록 사랑하는 '회사'였다.

이후 여러 과정이 있었지만 나의 신념과 철학을 돌아보게 만드는 결정적인 사건이 있었고, 동시에 회사의 주력 산업이 큰 구조조정의 소용돌이에 빠지면서 앞서 선배와 나누었던 '회사냐, 업이냐'의 선택지가 내 앞에

놓이게 된다. 결국 나는 HR 조직원으로서 부여된 숙명의 미션을 완수하고, 마지막으로 나의 퇴직서를 셀프 처리했다. 나를 버리는 심정으로.

"제임스, 넌 회사야? 업이야?" 내 인생에서 가장 중요했던 결정.

회사를 배신했다는 생각에 많이 괴로웠지만, 이 글을 쓰고 있는 지금 HR이라는 나의 업을 사랑한다. 최근에 알았지만 진짜 소중했던 것은 바로 업이 아니었을까 생각해 본다. 물론 지금도 로열티를 가지고 회사를 다니고 있다. (사장님이 보실 수도 있으니..)

현재의 나는 업을 중심으로 최선을 다하고 성과를 만들어 조직의 발전에 기여한다. 조직에만 집중한 채 업무를 수행했던 이전과는 다른 방식이다. 앞서 소개했던 중요한 결정들을 통해 나 스스로를 성찰할 수 있었고, 내가 무엇을 잘하고 원하는지를 더 확실하게 알 수 있었다. 중요한 결정은 이렇듯 나를 한 단계 더 성장시키는 계기가 된다.

'직장에서 직업으로'

앞으로는 또 어떤 중요한 결정이 나를 기다리고 있을까.

저자 제임스(James)는...

S그룹 계열사 및 그룹 연수원에서 HRD를 담당했습니다. 현재는 바이오제약 기업에서 구성원들과 함께 하고 있습니다. 조직을 변화시키고 선순환의 에너지를 불어넣는 데에 전문성을 가지고 있으며, 리더의 공감과 진정성에 관심이 있고 이를 바탕으로 만들어 낸 인사이트를 여러 사람들과 나누고 있습니다.

결정하는 것과 결정되어지는 것의 경계

크리스(Chris)의 결정: 결정의 순간, 누가 결정의 주인이었을까?

___

나는 어려서부터 '우리 집안의 유일한 아들', '집안의 기둥', '이씨가문 누구의 몇 대손' 이런 호칭을 내 이름보다 더 자주 듣고 자랐다. 이런 영향 탓인지 집안에서 나의 위치를 무겁게 안고 자라왔던 것 같다. 본인처럼 공무원이 되길 바라는 아버지의 뜻으로 4년 넘게 쥐었던 붓을 내려놓으며 미대진학을 포기할 때도 그랬고, 집안에 보탬이 되고자 학군단으로 군복무를 지원했을 때도 그랬다. 꼭 가보고 싶었던 해외 배낭여행을 뒤로하고 제대 열흘 만에 취업을 했을 때도 결정의 주인이 내가 아닌 것 같아서 위로 받고 싶어 했던 치기어린 날의 기억들도 떠오른다.

나는 올해 입사 20주년을 맞이한 평범한 회사원이다. 어릴 적 꿈이었던 캔버스 위에 그림을 그리는 대신 보고서를 그려 왔고, 가끔은 장교 정신을 소환하며 몇 번의 슬럼프를 이겨내기도 했다. 이러한 노력덕분인지 회사에서 우수사원으로 선발되어 해외연수와 출장을 다닌 횟수도 적지 않다. 과거에 내가 포기한 선택들이 오히려 자양분이 되어 나를 성장시켰기에 가능한 일이라고 생각한다.

나는 사람과 어울리기 좋아하고 누구한테 싫은 소리를 못하는 성격이다. 입사 때의 나는 딱딱한 책상보다는 현장 가까이에서 귀 기울이는 업무가 의미 있다고 생각하여 여러 번 현장을 지원했지만 내 희망과는 달리 10년 넘게 감사 업무만 하고 있다. 지금 생각해보면 오히려 한 분야에서 경력을 차곡차곡 쌓은 덕분인지 이제는 감사인력을 양성하는 팀장 직까지 수행하는 위치가 되었다.

나뿐만 아니라 대다수의 직장인이 결정을 할 때 자신보다는 가족이나 조직을 먼저 떠올리거나 고려한 적이 많았을 것이라 생각한다. 때론 결정된 상황을 묵묵히 받아들인 적도 있을 것이다. 그래서 시간이 지난 후에 생각해보면 '그때 나만 생각했더라면..'하고 미련이 남는 결정의 순간이 분명 한두 개는 있을 것이다.

〈나인팀〉에 합류하여 책을 쓰면서 느낀 것이 있다. '결정이라는 것은 내가 주도적으로 선택한 것만을 말하지는 않으리라.' 우리 인생의 결정은 '자연스럽게 결정되어지는 것이 더 많지 않을까'라는 생각을 하게 되었다. 그럼에도 불구하고 우리가 자신이 내린 결정의 주인공이라고 말할 수 있는 것은 후회와 미련으로 주저하지 않고 그 결정에 책임지고 더 좋은 결정이 될 수 있게 완성해 가기 때문이다.

저자 크리스(Chris)는...

S사에서 감사팀을 맡고 있는 현실 팀장입니다. 10년 넘게 감사부서에서 작성한 보고서와 만난 사람들과의 인터뷰가 이렇게 팀장을 위한 책을 쓰게 된 씨앗이 되었습니다. 함께 일하고 싶은 사람으로 기억되길 원하며, 오늘도 더 나은 결정을 고민하며 일상을 살아갑니다.

우리 모두에게 던지는 질문

수(Su)의 결정: 오늘, 어떤 결정을 하고 싶은가요?

"당신 인생의 중요한 결정은 무엇인가요?" 이 질문은 저의 지난 삶을 찬찬히 다시 들여다보게 도왔습니다. 학부나 대학원에서 전공을 선택하게 된 과정도, 첫 회사도, 누군가를 만나 사랑하게 되고 가정을 이룬 것도, 아이의 부모가 된 것도 인생에서 소중한 결정의 순간이었고, 그 순간이 오늘의 나를 만들었습니다. '수많은 결정 가운데 무엇을 인생의 중요한 결정이라고 말할 수 있을까?' 단 하나의 결정을 꼽으라면, 삶의 목적을 선택한 순간의 결정을 꼽고 싶습니다.

"어떤 일을 하세요?" 이 질문을 받으면 자신을 어떻게 소개하시나요. 저에 대해 소개할 때, 제가 좋아하는 설명 중 하나는 '연결을 돕는 사람' 입니다. 이것은 아주 작은 결정에서부터 출발했습니다.

저는 학부에서 경영학을 전공했고 사업기획, 전략기획 업무로 직장생활을 시작했습니다. 경영진들이 좋은 결정을 내릴 수 있도록 자료를 준비하고, 데이터를 분석하는 것이 핵심 업무였습니다. 야근도 잦았고, 숫자에 파묻혀 살았습니다. 정말 열심히 했고 우수사원으로 표창을 받을 정도로 인정도 받았습니다. 그러던 어느 날 문득 이런 질문을 던지게 되었습니다. 내가 내일 죽어서 신 앞에 서게 됐을 때, 신이 '너는 이 땅에서 무엇을 하다가 왔니?'라고 물으신다면 뭐라고 답할 수 있을까?

"데이터 분석하다 왔습니다.", "부서별 성과 분석하다 왔습니다."

그 답변 이상이 생각나지 않았습니다. 그런데 그 답변은 저를 너무 초라하게 만들었습니다. 데이터 분석은 굉장히 중요한 일입니다. 다만 제 안에 그 일에 대한 어떤 소명도, 분명한 목적의식도 없다는 것이 문제였습니다. 당시 그 일은 제게 경제적 수익을 보장해주는 생계적 수단, 사회적 인정을 돕는 규범적 수단에 지나지 않았습니다.

그때부터 저는 저에 대해 공부하기 시작했습니다. '나는 무엇을 좋아하는가?', '무엇을 의미있게 생각하는가?', '어디에 마음이 끌리고, 어떤 대상에게 긍휼감이 발현되는가?'. 그렇게 사람의 성장을 돕는 일을 할 때 기뻐하는 저를 발견할 수 있었습니다. 자신의 신념, 가치, 잠재력과 실제 삶을 연결할 때, 기여하고 싶은 서로의 마음이 제대로 발현되도록 도울 때 기뻐하는 제가 있었습니다. 관련 교육을 찾아 듣기 시작했고, 주변 동료, 상사, 후배를 대상으로 적용하는 실험을 여러 차례 했습니다.

그런 저의 시도에 기꺼이 자신을 내어주고, 지지하고 격려해준 수많은 고마운 지인들이 계십니다. 그분들의 사랑과 헌신 속에서 제 꿈이 자랐습니다. 동시에 세상에 나눠야 할 책무도 함께 생겼습니다. 그러다가 본격적으로 공부를 하고, 자격을 취득하고 2년간 영국에 다녀오면서 제 직업적 정체성이 변화하게 됐고, 여러 임원분들이 기꺼이 제게 기회를 주시면서 조직의 리더를 돕는 강사이자 코치가 되었습니다.

이제 저는 '연결을 돕는 사람'이라고 저를 설명합니다. 물론 이것은 '계속해서 나아가야 하는 길'입니다. 스캇 펙은 사랑을 '자기 자신과 다른 사람의 영적 성장을 위해 자아를 확장하고자 하는 의지'라고 설명합니다. 코치가 되어 나를 돌아보니, '연결을 돕는다는 것'은 결국 나의 어제와 오늘, 그리고 내일을 연결하는 일이었습니다. 그 사이에 결정이 있습니다. 매일 오늘의 나를 반성하고 때론 지혜롭지 못한 결정에 아쉬워하고, 때론 오늘의 나를 만든 결정에 스스로 지지와 칭찬을 보내기도 합니다. '완성된 내'가 아니라 그렇게 어제보다 조금은 더 나은 오늘을 만들어가는 여정이었습니다. 제가 이 세상에서 받는 선물들을 이 땅에 다시 나누고 기여해야 하는 책무도 가지고 있음을 기억하게 합니다.

다시 이 글을 열었던 질문으로 돌아가보겠습니다. "당신 인생의 중요한 결정은 무엇인가요?" 물론 제게도 어느 한순간 방향이 전환된 '결정적 순간의 결정'이 있었습니다. 신 앞에 선 제 모습을 상상했던, 의미 있는 삶을 살겠다고 결정한 어느 날 밤입니다. 그러나 이 책을 통해 지속적으로 이야기한 것처럼 결정은 '과정'이며, 좋은 결과로 연결되도록 돕는 여정의 출발입니다. 매일 수많은 선택 앞에 놓이고 오늘 조금 더 나은 결정을 하려고 애쓰며 일상을 채워갈 때, 어느 날 밤의 작은 결정은 인생의 중요한 결정이 되어 '선물'같은 모습으로 우리 삶에 정체를 드러냅니다. 그 최초의 결정만으로는 상상할 수도 없는 결과입니다. 이 진리가 우리 삶에 희망을 전해줍니다. 오늘 내게 보다 나은 미래를 마주할 기회가 주어졌다는 의미니까요.

이 책은 그런 마음으로 한 자 한 자 채웠습니다. 이 책을 읽는 여러분의 삶이 선물처럼 채워지길 소망하는 마음. 어떤 대단한 결정을, 혹은 어떤 대단한 리더의 이야기를 하고 싶지는 않았습니다. 일상을 좀 더 나은 결정으로 채워가는 리더의 이야기, 우리의 이야기를 하고 싶었습니다. 사람을 사랑하고 존중하고, 가치를 만들어가는 일상의 작은 결정들이 당신의 삶을, 더 나아가 우리의 삶을 아름답게 한다는 것을, 그래서 우리는 진심으로 그 결정을 응원한다는 것을 보여드리고 싶었습니다.

어떤 결정은 어느 날 선물같이, 다시 우리의 삶을 찾아옵니다. 당신의 결정이 선물처럼 당신의 삶을 채우길, 그래서 우리의 삶이, 당신이 다녀간 이 땅이 더 아름다워지길 소망합니다.

저자 수(Su)는...

리더가 자신의 역할을 잘 수행할 수 있도록 돕는 일을 합니다. 그 중심에 리더의 대화가 있다고 믿습니다. 형식이나 기술 너머에 진심이 담긴 노력을 사랑하며 그런 사람들과 함께 의미 있는 일을 작당하고 실현해내는 것을 즐깁니다. 저서로는 『성공을 돕는 질문디자인』이 있습니다.

당신의 결정은 언제나 옳다

결정의 연속이었습니다. 작은 결정도 있고, 중요한 결정도 있었습니다. 매 순간 현명한 결정이 무엇인가에 대해 생각했습니다. 특히 2020년 주제가 '결정'으로 결정되면서 '나는 과연 올바르게 결정하고 있을까?', '올바른 결정을 위해서 무엇이 필요할까'에 대해서 생각했습니다. 사람이 어떤 단어에 천착穿鑿: 깊이 살펴 연구하다하여 보내는 시간은 때론 즐거움이고 때론 고통이기도 합니다. 늘 의미를 부여할 수 있으면 보람이지만, 오래 생각했음에도 한걸음도 나아가지 못하는 자신을 바라보는 것은 괴로움이기도 합니다. 나인팀이 이 과정을 잘 이겨냈습니다.

무엇보다 에필로그를 적을 수 있는 영광된 순간이 온 것에, 그 순간에 아홉 명 모두를 생각할 수 있음에 감사합니다. 팀이 되어가는 과정을 지켜보는 것은 기쁨이면서도 불안이었습니다. 살얼음판 위를 걷는 느낌이라고 하면 좋을까요. 내가 조금 더 가벼워지면 괜찮을까? 사람들이 더 빨리 단단해지면 괜찮을까? 무엇이 먼저가 아니라 두 가지 다 필요했습니다. 저는 한 발 물러났고, 사람들은 처음에 반 발짝, 그 다음에 한 발짝, 그 다음에는 두 발짝, 세 발짝을 나아갔습니다. 그렇게 팀이 되었습니다. 그래서 저는 나인팀이 참 좋습니다.

나인팀 멤버 개인에게 있어 최고의 결정은 나인팀을 참여하기로 한 것이 아니길 바랐습니다. 저는 그들에게 최고의 결정은 '포기하지 않은 것, 자신의 의지를 부여잡은 것, 팀을 믿기 위해 노력한 것'이라고 생각하고 싶습니다.

우리는 매 순간 결정을 합니다. 그리고 그 결정이 현명했고, 현명하기를 바랍니다. 이제 이 책에 대한 결정은 쓰는 사람이 아닌 읽는 여러분에게 넘깁니다. 당신의 결정이 현명했기를, 당신의 결정이 현명하기를 응원합니다.

고맙습니다.

NICE
의사결정 프로세스 Tools

Notice

- 문제인식
- 정보수집

Investigate

- 정보분석
- 니즈확인

Choose

- 옵션도출
- 기준확정
- 결정공유

Execute

- 계획수립
- 실행점검
- 시스템화

우리가 원하는 결과는 무엇인가?

문제 ←

지금 우리의 모습은 어떠한가?

결정 이슈   결정해야 하는 것은 무엇인가?

* SMART(Specific / Measurable / Attainable / Realistic, Relevant / Time-based)한 표현을 기재

N-2 정보수집

정보항목	정보의 출처	수집된 정보

• 대내외 공신력 있는 기관의 정보(Political /Economical / Social / Technology 등)
• 시장과 고객 / 경쟁기관 / 우리 조직의 장단점 등
• 주의할 점: 과거 경험에 의존한 확증편향 / 비현실적 낙관주의 등

수집된 정보	의사결정에 고려할 시사점	전략적 가설

- 시사점(수집된 정보 중에서 결정 이슈에 영향을 줄 수 있는 요소들에 대한 분석 결과)
- 전략적 가설('~하면 ~하게 될 것이다.'라는 상관관계에 대한 기본가설 + a)

I-2 니즈확인

이해관계자	ISSUE와 관련된 입장	입장과 관련된 이해관계자의 니즈

- B2C (경제성/효율성/신뢰성)
- B2B(Quality / Cost / Delivery / Technology / Relationship / Response / Management or Maintenance)
- B2G(B2B 니즈 + 사회적 정당성, 예산 사용의 근거 등)

Brain Writing Sheet

참석자 ＼ ISSUE			
A			
B			
C			
D			
E			
F			

- Brain Storming의 4대원칙 준수(자유분방/비판금지/질보다양/타인편승)
- 6-3-5기법(6명이 3가지씩 5분 동안 아이디어 확산 작업 - 회람을 통한 아이디어 추가 - 30분 후 최대 108개의 아이디어 도출)

C-2 기준확정

기준 확정

이해관계자	기준	합의된 기준

준거 평정법(중요도가 다른 선택기준이 3개 이상인 경우)

기준	가중치	Option 1		Option 2		Option 3	
		평가	가중환산	평가	가중환산	평가	가중환산
합계	100%						

- 가중치의 합계는 100%로 환산 / 평가를 10점 척도 등으로 진행 / 가중환산 = 가중치(%)와 평가결과를 곱한 값
- 고객의 가치를 높이는 기준 / 협업을 만들어 내는 기준 / 업무가치를 높이는 기준

공유 대상	Needs	공유 순서	성향	기한	접촉 수단	의사소통 내용 (설득 근거의 포인트)

- 지원자(지원요청) 반대자(논리와 근거/관점 이해 공감/일부 동의 유도) 미결정자(입장을 주지/사례,전문가입장, 증빙자료 등)
- 접촉수단(보고/면담/워크숍/회의/문서 등)
- 주의할 점: 허위합의효과 / 참여와 지지 화보 / 협업을 만들어 내는 원칙과 기준

E-1 계획수립

실행계획

세부 항목	내용	필요 자원	기간	담당	RASIC	비고

* RASIC (Responsible 책임자 / Approval 승인자 / Supporter 지원자 / Informed 공지대상 / Consultant 자문)

잠재문제 대응 계획 (Contingency Plan)

실시 프로세스	잠재적 문제	가능성	심각성	잠재적 문제의 발생원인	예방 대책	긴급시 대책	Trigger 정보

E-2 실행평가

추진중 모니터링 시트

과제/ 활동	담당	기한	시행 여부	결과/ 산출물	결과/ 산출물 평가	비고 (보완방안 등)

완료 후 평가 시트

NICE 의사결정 실행 평가서		
ISSUE		
실행 전 목표	실행 결과	차이
Process 평가		
종합평가 및 향후 발전 방향		

E-3 시스템화

결정역량 강화를 위한 시스템 구축 방안

향후 실행시 강화항목		분석 (원인/경쟁 비교 등)	개선 방향	방법	확산 방법
프로세스 (동적 강화)	병목 현상 발생 지점				
	차별화 포인트를 위한 추가 프로세스				
구성요소 (정적 강화)					

- 병목현상(진행상에서 Lead Time 지연이 있었던 프로세스) 차별화포인트(향후 업무 경쟁력 강화를 위해 추가할 프로세스)
- 방법(대상 / 기한 / 담당 / 방법 - 매뉴얼 제작, IT 시스템 구축 등)
- 확산방법(교육 - 유튜브, SNS 활용 등 / 인센티브 / 동기부여 방안 등)

리더는
결정으로
말한다

★★★★★ ─────────────────